◎品墨——编著

好学风 好校风

好教风

新华出版社

图书在版编目（CIP）数据

好教风 好学风 好校风 / 品墨编著. -- 北京 ：
新华出版社，2017.6
ISBN 978-7-5166-3314-4

Ⅰ．①好… Ⅱ．①品… Ⅲ．①师资培养－研究 Ⅳ.
①G451.2

中国版本图书馆CIP数据核字(2017)第150085号

好教风 好学风 好校风

作　　者：品　墨

责任编辑：刘　飞　　　　　　　图书策划：李平书
装帧设计：赵志军

出版发行：新华出版社
地　　址：北京石景山区京原路8号　　邮　　编：100040
网　　址：http://www.xinhuapub.com
经　　销：新华书店

照　　排：新华出版社照排中心
印　　刷：北京高岭印刷有限公司

成品尺寸：170mm×240mm
印　　张：14　　　　　　　　　字　　数：190千字
版　　次：2017年7月第一版　　　印　　次：2017年7月第一次印刷
书　　号：ISBN 978-7-5166-3314-4
定　　价：38.00元

图书如有印装问题，请与印刷厂联系调换：010-63825170

现在，孩子上什么学校，成为家长们日思夜想的问题。没有一个家长不希望自己孩子上一所好学校。什么是好学校呢？一所学校好不好，很重要的一点就要看它的校风好不好。

校风，主要是指一所学校的氛围，良好的校风是学校精神文明的集中体现，它是一种无形的力量，校风的好与坏，直接涉及到一所学校的文化与性格、气息与气质、品味与格调，精神与灵魂，加强校风建设是学校发展的关键，也是实现学校内涵式发展的主要方式。

一、校风的基本构成

1. 教师的教风

教风即教师风范，所谓"学为人师，行为世范"，就是教师教风的深刻表现，教风是教师知识素养、能力素养、道德品性、教书育人和治学治教的集中反映。加里宁说："很多教师常常忘记他们应该是教育家，而教育家也就是人类灵魂工程师"，教风就涵盖了教师的灵魂，一个高尚的灵魂，便是高尚的教风。教风是一个学校崇高的精神旗帜，它对学生起到熏陶、激励的作用，而这种影响常常是潜移默化的，但又深刻而长远的，是任何教科书都不能代替的一种教育力量。《学记》里说"安其学而亲其师，乐其友而信其道"，就说明了教师的榜样示范作用，教师的教风对学生的影响，其实，每个教师都是鲜活的"德育课"，教风的好坏，直接影响到一个学校的教育质量的好与坏，可以说教风是一个学校生存与发展的不竭动力。近年来，教育部多次发文，强调要进一步加强和改进师德建设，要充分认识到新时期师德建设的重要性和紧迫性，要提高教师的思想政治素质，树立正确的职业理想，要志存高远，爱岗敬业，忠于职守，乐于奉献，要自觉地履行教书育人的神圣职责，以高尚的情操引导学生全面发展。

2. 学生的学风

"学风"，最早源于《礼记·中庸》，即是"广泛地加以学习，详细地加以求教，谨慎地加以思考，踏实地加以实践"。一般来说，关于学风的概念有二种内涵，一指学校的治学精神、治学态度、治学原则；二是指学生的行为规范和思想道德的集体表现，是学生在学习过程中所表现出来的精神风貌。有时也特指学生的学习态度和学习风气。我们一般意义上所讲的学风则是指第二种，即学生在长期的学习过程中形成的一种相对稳定的学习风气与学习氛围，是学生学习面貌的集中体现，是全体学生群体心理和群体行为在治学上的综合表现，也是学校全体学生知、情、意、行在治学上的综合表现。学风是全体学生在学校创设的一种良好的、优化的学习氛围，同时也是一种群体行为，逐步地形成和固化，成为一种传统和风格。良好的学风不但能使学生受到潜移默化的熏陶和濡染，还能内化为一种积极向上的精神动力，这种精神深刻地影响着学校中的每一个人，而每个人都能切身地感受到，在这样一种优良学风的环境里，学生的情感、态度、价值观、行为方式等都会发生有意无意的变化，良好的学风能够对学生的一生都会产生积极深远的影响。

一所学校的校风，从教与学两个方面来考察，就是指的教风和学风。也即教风和学风构成了一所学校校风的核心内容。而教风在学风建设中起着基础性的重要作用。教风与学风也相互影响、相互制约。优良学风是优良教风的必然要求与最终结果，没有好的教风就没有好的学风，学风建设就会成为一句空话，教学质量也就没法保证。学校的关键是教师。教师肩负着"传道、授业、解惑"和塑造学生完整人格的任务，教师的劳动价值最终体现在学生身上。师生之间的关系不仅是教育者和被教育者的关系，同时也是管理者和被管理者的关系，成熟者和未成熟者的关系，先知者与后知者的关系，长辈与晚辈的关系。因此，教师兼有的多种角色，其社会行为在学风建设中有着非常重要的作用，

二、校风的价值功能

1. 校风：一种潜在的德育资源

校风，是看不见，摸不着的，但是，人们却能切实的感受到一所学校的校风。校风，作为学校的一种隐性的，潜在的德育资源，其具有很强渗透力、感染力、同化力和约束力，同时，校风还具有净化、活化、强化、内化、外化和优化等诸多功能，其主要的功能在于对全体学生的道德影响，促进学生道德上的熏陶

与濡染功能。良好的校风一旦形成，就会对学校各方面源源不断地"输送"各种潜移默化的道德影响，校风作为一种潜在的德育资源是及其宝贵的，这就需要充分地利用好，打造好这一德育资源，以充分发挥校风的"育人"功能，为此，在学校内部必须要树立一种积极的、优化的、民主的氛围，创设各种文化情境，以形成良好的的学风、教风、作风和班风，将内发与外铄相结合，以充分利用校风资源，发挥校风功能，以良好的校风"立德育人"，对全体学生的健康成长，对促进学校健康、持续的发展发挥导向、动力和保障作用。

2. 校风：一种共同的情感氛围

良好的校风，能够形成良好的校园文化，和谐、民主、平等、关怀等理念不仅要深入到校园的每一个人的心中，而且要渗透至学校工作的各个方面，甚至学校的一草一木，在教师和学生之间架起一架情感的桥梁，在校园内部形成一种共同的情感氛围。这种氛围的行为不是一蹴而就的，是需要一定的时间积淀而成，校风的形成需要一个认同理解、相互教育、坚持成习的过程，需要思想认识和行为规范的约束，优良的校风一经形成，就会构成一种独特的教育心理环境，成为影响整个学校生活的重要因素，形成一种共享的情感氛围，这种情感氛围有利于个体不断地调整自己的心理情感使之趋同于集体心理，集体心理才能因之得到加强和巩固，并植根于每个个体之中，使之内化为自己言行的准则，化为自觉行为，形成优良的校风。

3. 校风：一种共享的行为愿景

优良的校风，能够产生一种特殊的"心理感染"。"心理感染"就是指个人对某种心理状态的无意识的、不自主的顺从，它不是由于自觉地接受了某种信息或行为的模式，而是由于直接受到别人情感传播的感染。良好的校风作为一种新的心理环境，通过潜移默化，使个体将这种新的集体心理环境非强制地、非逻辑地移植到自己的心理系统之中，经过同化而成为个体的心理特征，自然形成一种共享的行为倾向，产生共同的行为方式，一种共享的行为愿景。共享的行为愿景是组织中人们所共享，持有的意象或景象，共享的行为愿景是人们心中所真心向往的景象，因此它具有强大的内在驱动力，它会引领组织成员一步一步地接近目标，就形成了一种共同的行为倾向。这种优良的校风一旦形成，便产生出一种强大的向心力和内聚力，享受共同的行为愿景，成为集体中绝大多数人的自我要求和自觉行为，构成学校里一种新的风尚习惯和行为模式。

4. 校风：一所学校的品位格调

学校如人，每个学校都有其不同的"文化与性格"，感受一所学校的气质和气息，最容易从一所学校的校风中感受出来，只要身临其境，就能切身感受到。校风是一所学校的灵魂，是校园精神的集中体现，一个学校的校风，实际上可以看做是一所学校的品味与格调，品味格调的高低，实质上是培养规格的高低，办学水平高低的重要反映，一所高品质的学校，必然拥有高品质的校风，其实，校风，也是一所学校的特色之所在，一个学校有没有特色，特色是什么，我们可以从校风中感受到，它是一所学校区别与其他学校的重要标志。再次，校风，实质上就是品牌和信誉的外在表现，良好的品牌和信誉是一所学校持续健康发展的基础和保障。

5. 校风：一种无形的精神力量

良好的校风，不仅仅是一种潜在的教育资源，更是一种无形的精神力量，这种精神力量具有很强的感染力和凝聚力，具有陶冶、教化、凝聚、调节、激励等功能，校风会以它特有的方式和对人产生广泛而深刻的影响，能够感染学校的每一个成员，优良的校风还具有强烈的约束作用，良好的校风犹如一种"无声的命令"，作为一种稳定的组织气氛，对组织成员中那些不符合校风规范的人形成一种无形的压力，以及时地改变他们的不良行为。此外，良好的校风还是一种特殊的"精神引领"，校风一旦形成，就会成为一种强大的、内在的精神力量，它能激发并引导全体师生奋发向上，凝聚成员的力量，形成一种共享的情感氛围，共同的价值观念和共同的愿景，形成一种合力，并发挥出全部的潜能，转化为他们的自觉行动，同时，在校风中还可以受到熏陶和濡染，陶冶品性，这种精神的力量，可以看成一所学校的灵魂。

目——录

序言

第一章　态度：把教育当做一生奋斗的事业 / 1

我为什么要做教师 / 2

拥有真诚的责任感和使命感 / 8

建立事业心，去掉名利心 / 14

坚守信念，保持激情 / 22

第二章　魅力：塑造阳光教师，铸就人格魅力 / 30

教师无小节，处处做楷模 / 31

人格铸就魅力，教师要有境界 / 37

关注精神世界，坚守人文精神 / 44

学会微笑，做阳光型教师 / 50

目 —— 录

第三章　形象：涵养儒雅气质，展示教师形象 / 55

注重仪态，教师要有好形象 / 56

博学多才，做有文化素养的教师 / 63

慈悲宽容，做心胸豁达的教师 / 69

幽默风趣，做最受欢迎的教师 / 74

第四章　关爱：爱是成功教育的基石 / 79

爱的前提是尊重 / 80

以爱沟通，用爱浇灌 / 84

关注也是爱 / 90

让你的爱没有遗忘的角落 / 96

目——录

第五章　教学：好教风才能形成好学风 / **103**

创新教育理念，做智慧型教师 / 104

重在反思，与最前沿的教育思想接轨 / 112

启发式教学，引导学生积极参与 / 120

设置悬念，培养学生的好奇心 / 126

第六章　育人：把学生培育成一个大写的人 / **133**

千教万教，教人求真 / 134

把自信种在学生心里 / 138

教孩子懂得善良与感恩 / 142

培养独立精神，让学生学会生存 / 149

目 —— 录

第七章　班风：好校风来自好班风 / 155

培养公民意识，打造民主班级 / 156

落实班规班约，规范班级秩序 / 162

形成凝聚力，培养荣誉感 / 168

丰富课余生活，营造书香教室 / 173

第八章　沟通：团结协作，共同打造和谐校园 / 179

和学生沟通，构建温馨的师生关系 / 180

和家长沟通，良好的家校沟通让教育更有效 / 185

和同事沟通，取长补短才能共同进步 / 191

和领导沟通，协力让学校更优秀 / 197

附录

理想的学校 / 204

上帝眼中的老师 / 208

教师的箴言 / 211

第一章

态度

把教育当做
一生奋斗的事业

　　教育绝不是饭碗，不是差事，甚至也不是职业，而应该是一种伟大事业。因此，教育需要梦想家和诗人来经营，需要信徒和殉道者来朝圣；需要肉体的投入、灵魂的参与、精神生命的支撑。教育是一项美丽的事业，因为只有教育才能把阳光种进孩子的心田，并且让它开出鲜艳的花朵。教育是一项浪漫的事业，因为只有教育才能让懵懂无知的孩子变成一个勇敢而执著的生活的强者。

我为什么要做教师

教师感悟

作为女儿，能够孝敬父母，被父母需要，是一种幸福；作为妻子，能够扶持夫君，被丈夫需要，是一种快乐；作为母亲，能够照顾子女，被孩子需要，是一种享受；作为教师，能够传播知识，被学生需要，是一种满足。正是这种被需要的感觉，让我们油生一份责任，让我们尽自己最大的努力扮演好生活中每一个属于自己的角色。

——连爱芹，邢艳载《班主任之友》

有一个人背上行囊，要去千里之外拜菩萨。路上遇到一位禅师，禅师对他说："与其拜菩萨，不如拜佛。"那人问："佛在哪里？"禅师告诉他："当你回到家，看到有个人披着毯子，反穿着鞋来迎接你，那就是佛。"那人返回家时，已是夜深人静。母亲听到儿子的呼喊，立刻兴奋地跑来开门，匆忙中母亲没来得及穿衣服，只披了条毯子，拖鞋也穿错了。见到冲出门来的母亲，儿子顿时大彻大悟。

母亲是"佛"，虽有些片面，却直指佛的本义。人们说，教师是太阳底下最崇高的职业。他们如春风，明丽舒朗，和煦温厚。他们以自己的智慧，拨亮一双双充满迷惑的目光；以自己的慈爱，让一个个懵懂无知的孩子明白了爱的真谛；以自己的关怀，使一棵棵幼嫩的小苗成长为能够经风历雨的大树。教师育人，却不图回报，如母亲，于是，也有了佛性。

佛是一种境界，母亲是一种真实，教师则是境界与真实的结合。教师是阳光下的佛。

教师是伟大的。伟大的教育事业要靠伟大的教师来实现！教师是知识和智慧的传授者，一代新人的塑造者，精神文明的建设者和传播者，历史文化的传承者和新知识的开拓者。国家、民族的强盛，系于教育。教育兴则国兴，教育废则国衰，这是历史的经验教训。教师在国家的兴盛、人才的培养中显示出了擎天柱的作用。人类社会某个时期可以没有某个职业，然而一刻也不能没有教育、没有教师。只要人类存在，教育就存在，教师是永恒的职业。

教师是光荣的。德国大哲学家黑格尔说："教师是孩子们心中最完美的偶像。"教师所从事的脑力劳动，是十分艰辛的劳动。劳动本身是光荣的。不仅如此，一般劳动者通过劳动生产出物质产品，而教师通过劳动生产出能生产物质产品的劳动力，这使教师的劳动更光荣。光荣属于教师。学生是在老师的教诲下成长的，许多学生日后在事业上有了成就，他们念念不忘的是光荣应属于老师，光荣应与老师分享。巴基斯坦物理学泰斗萨拉姆经过艰苦探索，完成和证明了"弱电统一理论"。他因这个曾为大科学家爱因斯坦苦苦探索了20多年未能完成的难题的突破，1979年获诺贝尔物理奖，加尔各答大学决定授予他奖章，但萨拉姆却坚辞不受，他提出如果同时表彰他的老师甘古里教授，他就去领奖。他的执著要求和对师长的深情感动了校方，最终获得了同意。授奖那天，萨拉姆恭敬地把奖章和奖金献给了他衷心感谢并始终敬仰的老师甘古里教授，表达了一位物理学大师对教师的崇高敬意，此刻甘古里教授是何等的光荣！

教师是高尚的。教师高尚的道德，崇高的人格，无私的胸怀，敬业的精神，是有口皆碑的，历来为万人敬仰。人们赞美教师是点燃的红烛，默默地燃烧着、奉献着，从不抱怨，从不叹息，点燃自己，照亮别人，这叫红烛精神；人们赞美教师是吐丝的春蚕，春蚕吃的是微不足道的几片桑叶，而吐出的是金子般贵重的蚕丝，她只要活着就吐丝不断，将这蚕丝献给人类，为人间增添一点温暖，这叫春蚕精神；人们赞美教师是登高的人梯，人梯有一种自我牺牲的伟大无私的胸怀，他甘愿俯身在下，让勇士们踩着他的脊梁向高峰攀登，从不嫉妒人家超越了自己，这叫人梯精神。

教师是辛勤的。教师生活十分辛苦，为了教好下一代，他们作了巨大的精神和体力的付出，他们的所得与付出之间常常有不小的差距。然而有高度觉悟、有强烈事业心的教师以大局为重，以事业为重，从不斤斤计较个人得失。许多山村小镇的办学条件差到难以想象的程度，可是他们为了改变农民世世代代没有文化的落后面貌，从不计较工作条件的恶劣，义无反顾地传授知识。人们赞美教师是辛勤耕耘的孺子牛，教师为了把无知的荒原开辟为知识的沃土，不辞辛劳地耕耘；人们也赞美教师是辛勤的园丁，园丁的汗水化作甘霖，滋润了祖国的花朵，迎来教育园地百花斗妍的春天。"三尺讲台，三寸舌，三寸笔，三千桃李；十年树木，十载风，十载雨，十万栋梁。"这是人民对教师劳苦功高的赞颂。

确实如此，教师是一份表面看似轻松、风光无限的工作，而事实上却很容易让人身心疲惫。即便如此，还是有很多人选择了这个职业，他们其中有人成了著名的教育家、学者，有人成为名师，还有人，一直在自己的工作岗位上默默无闻地努力工作着。那么到底是什么力量促使他们选择这份职业而终身无憾呢？让我们一起来看一下彼得·基·贝德勒的这篇文章——《我为什么要当教师》：

你为什么要当教师呢？当我的朋友问我这个问题时，我告诉他我不想被认为是处于达官显贵的这样一个境地。使他迷惑不解的是，我所抛弃的显然正是所有的美国孩子自幼一直被教导去追求的人生成功之路：金钱和权利。

我当然不想当教师，因为教师对我来说简直太难了。在我妄想赖以谋生的所有职业中，像推土机手、木匠、大学管理人员、作家——当教师是最难的了。我从未对自己的备课满意过，上课的前一天晚上我总是准备到深夜。我走进教室的时候永远是最紧张的，生怕又会被发现犯了傻。当我走出教室时，可能又被认为上了一堂比以前更令人乏味的课。

我不想当教师，因为我认为我总是知道答案，或者我总想把我所知道的那些知识强让我的学生去接受。有时我简直怀疑我的那些学生真的在课堂上把我所教给他们的都记下了吗？

那么，我为什么还要当教师呢？

我要当教师，因为教学永远是一个变化无穷的工作。甚至当我的教材是同样的，我也总是改变着教学方法，我的学生总是在变化。

我要当教师，因为我喜欢有出错的自由，有吸取教训的自由，有激励我自己和我的学生的自由。作为一个教师，我就是我自己的老板。即使我要求我的一年级新生去编一本如何写作文的教科书，谁又敢说不呢？这样的课程可能会完全失败，但我们能从失败中学到些什么。

我要当教师，因为我喜欢提出那些学生必须尽力思索才能回答的问题。在教学中，我有时有意回避那些正统的提问。

我要当教师，因为我喜欢学习。确实，我之所以感到我的教师生涯还颇有活力，是因为我总是不断地学习。我人生事业中最重要的发现之一，就是我之所以是最好的教师，不是因为我懂得多，正相反是我酷爱学习。

我要当教师，因为我能设法将我自己和我的学生从象牙塔式的传统封闭式的学习中解脱出来而走进外面真实的世界。

我要当教师，因为……教学给了我前进的步伐，多变的人生和挑战以及不断的学习机会。

尽管如此，我还是忘了我说当教师的最重要的理由。

我的第一位博士生名叫维姬。她是一个十分有能力的年轻人，她一度由于未能通过文学课而使她申请奖学金受挫。但她勤奋不懈地研究撰写了一篇关于一位鲜为人知的十四世纪的诗人的论文。她终于完成了论文，并将它寄到著名的杂志予以发表。除偶尔请教了我几次，这几乎完全是由她自己完成的。当她完成了论文，通过了论文答辩，获得了一份工作，并且赢得了哈佛大学的一笔奖学金用于将其论文写成一部专著时，使我感到欣慰的是，作为我的学生，她茁壮地生根、发芽成长起来了。

还有一位学生名叫吉娜。她曾一度辍学，但她的同学把她找回来了，因为他们希望她能看到自我实现的课题结束。她回来了，她还是我的学生。作为她的教师，她告诉我她后来对城郊的穷人状况十分感兴趣，她致力于这个课题并成为一名人权律师。

这些就是我为什么要当教师的理由。这些学生在我眼前成长、变化着。当一名教师就好比创造生命，我可以看到我所孕育的泥人开始呼吸。没有什么能比那么近的看到生命的呼吸更令人激动了。

我也有权力。我有权力去提醒别人注意，去展开有趣的话题，去问那些难以回答的问题，去表扬一个大胆的回答，去谴责掩盖真理，去向学生推荐书籍，去指出前进的道路。我还会去在乎其他什么权力吗？

我当教师是因为我生活在那些开始呼吸的人们中间，我有时甚至能感受到他们的气息中也有我自己的气息。

文章洋溢着作为一个教师的幸福，这种幸福不是凭空出现的，而是因为作者爱的付出。这就是一个教师的爱，对学生的爱，对教师职业的爱，以及这种爱结出的丰硕的果实。

先生之风
山高水长

拥有真诚的责任感和使命感

教师感悟

美国教育心理学家吉诺特博士说：在经历了若干年的教师工作后，我得到了一个令人惶恐的结论：教育的成功和失败，"我"是决定性因素。我个人采用的方法和每天的情绪是造成学习气氛和情绪的主因。身为老师，我具有极大的力量，能够让孩子们活得愉快或悲惨。我可以是制造痛苦的工具，也可以是启发灵感的媒介；我能让人丢脸，也能叫人开心；能伤人，也能救人。

——殷朝芹 载《人民教育》

教师职业不同于其他一些劳动成果易于量化、劳动态度易于考查的职业，教师的职业道德水准、主观能动性、是否尽职尽责，比其他行业显得更重要。

在教育中，从表面上看，大家都是在规定的时间工作，按教学计划和学校的安排上课，按要求批改作业，按规定做其他的有关工作。但这些只是表面的、看得见的，在衡量教师的劳动效果中，这只是一部分因素。更重要的是，备课的认真程度、上课的质量、其他教育活动的效果等，完全取决于教师的责任心。所以，有人说，教书是一碗"良心饭"。

教师的劳动，基本上是以个体形式进行的，备课、讲课、辅导、批改作业、组织课外活动、家访等，基本上都是独立进行的；其智力、体力，甚至时间、强度都是由自己支配、自己进行调节的。虽然学校有相应的要求、配套的规章，而且还有一系列行政措施进行约束、有考核评估进行检验，但是，规章制度再严密也难以做到天衣无缝，配备再强的人力物力也难以每时每刻盯住教师不放。教学目的是否明确、方式方法是否科学、内容安排是否充实、工作态度是否认真，都只能取决于教师自己的责任感。

责任，从本质上来说是一种与生俱来的使命，是必须客观面对而无法回避的，是必须承担的义务。

我们不妨从布莱德雷将军小时候的一个故事来理解"责任"两个字的分量。

当时，一群男孩在公园里做游戏。在这个部署中，有人扮演将军，有人扮演上校，也有人扮演普通的士兵。有个"倒霉"的小男孩抽到了士兵的角色。他要接受所有长官的命令，而且要按照命令丝毫不差地完成任务。

"现在，我命令你去那个堡垒旁边站岗，没有我的命令不准离开。"扮演上校的亚历山大指着公园里的垃圾房神气地对小男孩说道。

"是的，长官。"小男孩快速、清脆地答道。

接着，"长官"们离开现场；男孩来到垃圾房旁边，立正，站岗。

时间一分一秒地过去了，小男孩的双腿开始发酸，双手开始无力，天色也渐渐暗下来，却还不见"长官"来解除任务。

一个路人经过，说公园里已经没有人了，劝小男孩回家。可是倔强的小男孩不肯答应。

"不行，这是我的任务，我不能离开。"小男孩坚定地回答。

"好吧。"路人实在是拿这位倔强的小家伙没有办法，他摇了摇头，准备离开，"希望明天早上到公园散步的时候，还能见到你，到时我一定跟你说声'早上好'。"他开玩笑地说道。

听完这句话，小男孩开始觉得事情有一些不对劲：也许小伙伴们真的回家了，于是，他向路人求助道："其实，我很想知道我的长官现在在哪里。你能不能帮我找到他们，让他们来给我解除任务。"

路人答应了。过了一会儿，他带来了一个不太好的消息：公园里没有一个小孩子。更糟糕的是，再过10分钟这里就要关门了。

小男孩开始着急了。他很想离开，但是没有得到离开的准许。难道他要在公园里一直呆到天亮吗？

正在这时，一位军官走了过来，他了解完情况后，脱去身上的大衣，亮出自己的军装和军衔。接着，他以上校的身份郑重地向小男孩下命令，让他结束任务，离开岗位。军官对小男孩的执行态度十分赞赏。回到家后，他告诉自己的夫人："这个孩子长大以后一定是名出色的军人。他对工作岗住的责任意识让我震惊。"

军官的话一点没错，后来，小男孩果然成为一名赫赫有名的军队领袖——布莱德雷将军。

　　责任并不是一个甜美的字眼，它具有岩石般的冷峻。一个人真正地成为社会一分子的时候，责任作为一份成年的礼物已悄然卸落在他的背上。它是一个你时时必须付出一切去呵护的孩子，而它给予你的，往往只是灵魂与肉体上感到的痛苦，这样的一个十字架，我们为什么要背负呢？因为它最终带给你的是无价的珍宝——人格的伟大。

　　20世纪初的一位美国意大利移民曾为人类精神历史写下灿烂光辉的一笔。他叫弗兰克，经过艰苦的积蓄开办了一家小银行。但一次银行遭抢劫导致了他非凡的经历。他破了产，储户失去了存款。当他带着一个妻子和四个儿女从头开始的时候，他决定偿还那笔天文数字般的存款。所有的人都劝他："你为什么要这样做呢？这件事你是没有责任的。"但他回答："是的，在法律上也许我没有责任，但在道义上，我有责任，我应该还钱。"

偿还的代价是三十年的艰苦生活，寄出最后一笔"债务"时，他轻叹："现在我终于无债一身轻了。"他用一生的辛酸和汗水完成了他的责任，而给世界留下了一笔真正的财富。

责任的存在，是上天留给世人的一种考验，许多人通不过这场考验，逃匿了。许多人承受了，戴上了荆冠。逃匿的人随着时间消逝了，没有在世界上留下一点痕迹。承受的人也会消逝，但他们仍然活着，死了也仍然活着，精神使他们流芳百世。

教师这个职位所规定的工作任务就是一份责任。你从事这项工作就应该担负起这份责任。

一个优秀的教师就是一个优秀的责任承担者。

全国优秀特级教师李镇西曾这样说过：

刚参加教育工作时，我有一种真诚的责任感和使命感。这种责任感和使命感，来自我少年时代所受的关于理想主义和英雄主义的教育，但更来源于我对当时社会风气的深深忧虑。

记得当时就有同事对我调侃道："你把胡耀邦该操的心都操了！"

是的，现在想起来，那时我的"庄严"与"神圣"的确有些幼稚，但我那颗真诚的责任心（后来成了我的事业心），至今未曾褪色！

但是，就理论素养而言，我当时堪称"一贫如洗"，然后我仍然凭着一

11

腔热情便"赤膊上阵"了：一天十几个小时和学生"泡"在一起，真正成了"娃娃头"！

　　李镇西老师之所以能坚持数十载，将热情倾注于教育事业上，并最终走出自己的一片新天地，主要原因在于他心中充满了对学生、家长、学校，乃至社会的那份责任感。其实，任何一名教师无论是过去、现在，还是将来，教书育人、爱岗敬业应该是永远追寻，并坚守的职业信条。衡量一个教师是否合格，最重要的一点就是看其有没有强烈的社会责任感。

　　因为教育工作的根本意义在于通过培养合格的社会公民去优化和推动社会的发展。如果一个教师不能够时刻认识到这一点，那么他的工作状态就是一种浅层次的存在，他的工作就会缺乏激情，当然也就缺少幸福的工作体验。

　　有的教师会早来晚走，但他的目的在于争取评上个"优秀"的荣誉，在年终考核时获得更多的加分；有的教师会自觉地加班加点，但他的出发点是唯恐自己班的考试成绩比别的班差，面子上过不去；有的教师在某一个阶段内表现出特有的工作积极性和主动性，但当他晋升理想的职称之后仿佛立即换了个人似的；有的教师表现得不前不后，声称自己的个性就在于不为名不为利，干一天算一天……这些表面上看来思想不够端正，实际上是不能把自己的工作与社会的需要联系起来，这是缺乏强烈的社会责任感的集中表现。

　　很难想象，一个没有责任感的教师会教出有责任心的学生。教育不光是给孩子知识，更重要的是培养学生以积极的生活状态，以积极的生存心境、积极的人生态度对待生活。教师教育的是人，不是机器，学生们长大成人也要走到社会上去，教师就要注重培养学生的社会责任感。我们希望能拥有一个和谐的社会，那么首先要求各个领域的都具有一批高素质且有高度责任心的人才，从这个角度出发，教师是否具有责任感，就不仅仅是一种个人行为了。

　　从社会的角度看，在当今时代，教育不仅仅是发展科学技术和培养人才的基础，对于社会的稳定和谐同样起着极其重要的作用。有人称教育是社会的黏合剂和平衡器。在每一天，亿万的少年儿童走进校园去接受教育和学习，亿万的少年儿童的父母才得以在各自的岗位上无忧无虑地安心工作，假如学校出现了问题而不能接纳孩子们去读书，将会有多少学生家长因之而不安和焦躁！从这个意义上讲，学校教育的确在起着社会稳定黏合剂的作用；从另一个方面来说，人在社会生活中所处环境的差异是显而易见的，特别是那些身处经济困难地区和贫困家庭中的人们，他们都有着一种改变现状追求平等的理想和愿望，而这种理想和愿望的实现在很大程度上就是依靠接受教育。知识和技能能够改变一个人的命运，知识和技能同样能够改变一个地区的命运。教育启发着人们产生美好的愿望和追求，教育又帮助人们去实现这种美好愿望和追求。教育使社会上的人们都怀有美好的愿望，树立美好的理想，为着这种美好理想的实现，他们可以忍辱负重，他们努力遵纪守法，他们更多地看到光明，他们能够在现实生活中克制自己，努力去适应和服从国家的意志。从这个意义上讲，教育又确实起着社会发展平衡器的作用。而教师就是社会稳定黏合剂和平衡器的实际操作者，这种社会责任不是够伟大的吗？

　　当代教师面临三项主要责任，即岗位责任、社会责任和国家责任。这就要求教师在每天所做的极其平凡的工作之中，始终牢记为学生负责，为家长负责，为社会负责，为国家负责。

建立事业心，去掉名利心

教师感悟

对一位教师而言，教书育人的任务是培育更多的人才。为了一个端端正正的"人"字，老师历经磨难，痴心不改；为了一个漂漂亮亮的"人"字，老师交付了全部青春，无怨无悔；为了一个高高大大的"人"字，老师将自己化作石阶，任后来者拾级而上。这无数个端正、漂亮、高大的"人"字，垒成了教师人生之路上熠熠生辉的丰碑。

——彭在义载《德育报》

你听说过这样的故事吗？

　　这是一个普普通通的教师，他不幸患了强直性脊椎炎，颈不能转，腰不能弯，腿不能曲，上课时整个身体全靠双拐支撑着。他深知得的是不治之症，等待他的将是全身瘫痪。他也深知自己能工作的时间、甚至生命的时间已不多，他不悲观、不忧伤，凭着对党对人民教育事业的赤诚之心，依然顽强地坚守在讲台。学生看着他忍着剧痛、冒着冷汗在那里讲课，都感动得落泪。他深情地说："我的知识是人民给的，我要珍惜这有限的时光，把知识献给人民。"他喜爱这样一首诗：

我是一枝蜡烛，

照亮勤学者的征途。

当他打开知识的宝库，

蜡烛已流尽最后一滴泪珠。

但，我并不悲伤——

我的光，已闪烁在有志者的双目。

蜡烛总有燃尽的时候，

只要尽到了发出光华的责任，

就是生命终结了我也满不在乎。

故事的主人公很普通，普通得没有太多的人知晓他的名字；工作很平凡，没有惊天动地的伟绩。但是，平凡中深藏着伟大，普通中蕴含着杰出。其伟大杰出之处，正在于他无视自己的功利得失，将一颗心完完全全的放在了教育事业上。

名利得失，自古以来就是人们关注的焦点所在。谁都想名传千古、为人所敬仰；谁都想去金字塔的最顶端站上一站，供人膜拜。而且，这世间人与人的关系是如此复杂，各种各样的诱惑又像是关卡一样埋伏在你前进的道路之上。名利得失只在瞬息之间，谁能把握好良知和名利之间这个度呢？它就像一个天秤，两头各站着一类人群：有的人默默无闻地在自己的工作岗位上，像老黄牛一样耕耘着，视名利淡如水，看事业重如山；而有的人，功名利禄看的重，得到了，得意洋洋，得不到，便心灰意冷。其中也不乏为了名利甚至不择手段之人，在踩着别人向上攀登的同时，也不能幸免地成了别人的垫脚石，让人鄙视。

学校在这花花世界中可以称得上是一方净土了。孩子们的天真、善良，都为一个个名利场做着最彻底的洗刷。工作于这个梦工厂世界中的大人们就更要摈弃身上的功利味道，为孩子们心灵的健康成长构造最佳的培养皿。所以说，功名利禄在教师这个职业中是最应该坚决予以杜绝的。

所以，倘若"成名"、"求名"已成为一名教师教学生涯的最高标准，眼中再无其他，那么，终究有一天，会为"名""利"所累，还会失去身为一名教师最重要的德行。

教师工作首先是一种职业。职业是参与社会分工，利用专门的知识和技能，为社会创造物质财富和精神财富，获取合理报酬，作为物质生活来源。教师也是人，也要养家糊口。但教师又是一份事业。当教师作为一份事业，意味着教师不仅将自己所从事的工作作为谋生的手段，还融进了自己的理想和信念，热爱教师工作，对学生充满爱心，对自己和社会有强烈的责任感。

职业和事业之间是对立统一的。一般而言，职业具有阶段性，而事业是终生的；职业是对工作伦理规范的认同，而事业则往往是自觉的。如果你能在你的职业中找到归属感，那么职业与事业就得到了统一。

如果你只是把教师这一职业当作饭碗，那么教师的工作之乏味可想而知，一年两年你可以坚持，可是如果要你几十年如一日重复一样的说教，试问这个教师哪里还有快乐可言，毕竟工作在人生当中扮演着长久的角色。如果你把教师职业当成一份事业去追求，不断完善自己的能力，让自己的教学更加专业化，培育出更多的优秀人才、国家栋梁，如此一种成就，即使枯燥的教学自然也能让你乐在其中了。

在我们的教育事业中，就存在着许多将教师职业视为终身事业的优秀教师，在这种信念下，他们燃烧着自己，照亮了别人：

自古至今，师傅、博士、教习、监学……对教师的称呼不下几十种。而"红烛"是孩子们对心目中的老师最形象也是最贴近的誉称，是因为教师在燃烧着自己，照亮了别人。

以苦为乐、乐教爱生，正是光荣的人民教师，以教书育人为己任，在三尺讲台实现建设祖国的人生理想，在艰苦环境中实现自己的人生价值；正是光荣的人民教师，用炽热的爱心去帮助每一位学生，让所有孩子都能享受到良好的教育，获得更多的发展机会。

"就算平凡，但绝不能平庸。"李新孝老师从教 31 年，有 29 年是在内蒙古喀喇沁旗四十家子乡罗营子村天上队和孩子们守在一起。一个人办一个学校，多少年都得白天上课，晚上备课。前些年点油灯的时候，每天早上起来，吐口痰都是黑的。但每天让他感受到幸福的是，六七个五音不全的孩子唱着永远让人激动的国歌升旗。29 年来，没有一个学生在他手上辍学，他守住了这块阵地。呵护了天上队 240 多个孩子的启蒙教育。

邹有云老师同样从 1974 年就开始了漫长的太阳山守望之旅。他所在的江西永修县托林镇黄岭村教学点坐落在崇山峻岭之间，一个人既当老师，又当管理员，既是保姆，又是炊事员，还是维修工，最后还搭上妻子来帮忙，照看着一拨又一拨孩子成长。为了让 40 多个孩子们走出太阳山后能与山外"接轨"，他硬是开足了所有的课程，即使是音乐课也不例外。"要说图个啥，就图孩子们说我是个好老师。"

马宪华也是一个人守着一座学校。吉林省珲春市果树农场果树小学坐落在大山深处，从 1996 年以来，这位女教师无论寒暑，每天要绕过四座山，趟过五条河，走 33 里路。一个人要教六个年龄段的孩子，一个人教八门课。这么多年来，她一万多次穿越大山，两万五千次趟过山间河流，共走了 3 个 2 万5000 里长征，用爱心打造着高尚的师魂。

"我可以无愧地告诉大家，我没有耽误过大家一节课。"正是有像马宪华一样坚守在农村一线的 800 万教师甘守清贫，默默耕耘。孩子们才得以借助学习来实现自己的梦想；正是因为有他们为乡村孩子的心灵注入知识的阳光，用心血浇灌孩子成长的足迹，乡村教育才得以跟上时代的步伐发展。

现代教育家夏丏尊说过："教师不能没有爱，犹如池塘不能没有水。"这些优秀教师们，正是用这个"爱心"跳动的音符演奏着人生乐章，用自己的灵魂塑造学生的灵魂，将自己的一生都献给了教育事业。

"一切为了学生，为了学生的一切，为了一切学生"，正是有对学生的爱，面对刚出生的孩子患上"脑瘫"，婚姻的离异，病魔的缠身，辽宁海城市望台镇大路小学老师孟丽平始终没有离开过 3 尺讲台。十几年来患糖尿病的她，每天靠两针胰岛素来维持生命，但她用"爱"续写着红烛诗篇，不仅爱品学兼优的孩子，还努力去爱那些放蛇皮到讲桌、迷恋游戏的孩子，让他们在快乐中成长。

一片爱心铸师魂，蜡烛成灰育英才。正是这些呕心沥血，孜孜以求的优秀教师，他们不求索取，甘当人梯的品质和事迹，谱写出人民教师高尚的情怀，留给我们很多感悟，无数启迪；正是 1000 多万名人民教师，无怨无悔地奉献着自己的光和热，构筑起现代化教育事业的宏伟大厦。

1. 教师要区别事业心与名利心

事业心是教师从事教育工作的强大推动力，它表现为教师为了学生的发展，不计个人得失，处于忘我的工作境界；名利心是教师把自身名利作为从事教育工作的追求，它表现为教师的教育动机、教育情感和教育行为被名利所左右。所以，一个优秀教师正确的教育动机应该是强烈的事业心，而不是名利心。

事业心强的教师和名利心强的教师最大的区别在于：在教育过程中的出发点和着力点不同。这个不同，给他们的教育效果和自身发展带来截然不同的影响。两者的区别如下：

（1）事业心强的教师关爱每一个学生，尤其是学生中的弱势群体；名利心强的教师难以公正地对待每一个学生，他喜欢那些给自己带来名利的学生，不喜欢甚至讨厌那些不能给他带来名利甚至破坏他的名利的学生。

（2）事业心强的教师关注教育实效，以学生的发展为教师的根本追求。名利心强的教师在教育实践中好搞形式主义，更多地关注形式，而不是脚踏实地地追求实效，他们的一切努力主观上不是为了学生的健康发展，而是自己的名利。尽管这也常常造成学生发展的事实，但当学生的利益与自己的利益发生冲突的时候，他会毫不犹豫地维护自己的利益，放弃甚至侵犯学生的利益。

（3）事业心强的教师不去刻意追求轰动效应，不急功近利，能遵循教育和学生身心发展的客观规律，追求学生的可持续发展；名利心强的教师往往追求教育的近期成效，一种急功近利的心态使得他们常常出现揠苗助长的行为，学生的后续发展乏力，且只知道灌输学生知识，不关注学生的全面发展。

（4）事业心强的教师大多有对教育工作的直接兴趣，忙于教育活动本身；名利心强的教师则怀着对教育工作的间接兴趣，通常忙于教育活动之外，如与学校管理者和学生家长结成过分密切的关系，争抢出头露脸、自我宣传的机会等。

（5）事业心强的教师往往拥有良好的同事关系，有良好的心态，能宽容待人，在教师中口碑甚佳；名利心强的教师容易忌妒同行，心态不够好，喜欢钩心斗角，好胜心强，见名利就要，同事关系紧张。

（6）事业心强的教师无疑会赢得绝大多数学生的喜爱，最终也会赢得学校领导和学生家长的好评；名利心强的教师也许会得到一些领导和家长的赞许，但必然会招致大多数学生的不满和怨恨。

（7）事业心强的教师会从教育过程中体验到更多的乐趣，追求精神上的快乐；名利心太强则会给教师的身心健康造成危害，因为人的许多烦恼和挫折来自于对名利的过分追求。

在当今物欲横流社会，有许多因素很容易诱发教师的名利心，但教师的神圣职责却要求我们教师必须是一个有着强烈事业心的人。因为我们选择了教育，是教育工作者，就得必须甘心清贫和奉献，这是教师的职业性质决定的。正如卢梭所说："有些职业是这样的高尚，以至于一个人如果是为了金钱而从事这些职业的话，就不能不说他不配从事这些职业……教师所从事的，就是这样的职业。"

2. 教师人格培养和精神境界提升

在面对名利诱惑的时候，教师自己的人格修养和职业道德对其做出正确选择能发挥重要作用。所以，教师平时就要格外注重培养人格和职业的修养。这也是一个优秀教师应具备的一项基本素质。具体可以从以下几点着手：

（1）树立积极正确的职业观

教师从事教育工作不仅仅是为了满足自身生活的基本需要，更是为了自我价值的实现。只有那些具有高尚精神境界的教师，才有可能把教育工作提升到更高的水平。如果说，一个教师开始几年的教育效果主要取决于他的知识和技能的话，那么教师的毕生发展则源自他的人格力量的支撑。

（2）养成正确地对待名利的态度

名利本当是对教师所取得工作业绩的自然奖赏，它绝对不应成为教师从事教育活动的出发点和落脚点。对名利的过分追求，常常是在自寻烦恼，因为成绩可以自己干出来，而名利在现实生活中通常受到多种因素的制约。要成为一名优秀教师就应当对名利保持一颗平常心，来之可喜，去之不忧。实际上，就一个较长的时期来说，社会对于个体付出的回报基本上是公正的，这为许多杰出教师的成长历程所证明。只要你付出了，不追求名利反而带来更多的名利；而刻意于名利的计较，则常常使人的眼光近视，心态浮躁，使人常有欲望受阻、渴求遭挫之感，或者捡了芝麻，丢了西瓜。

（3）潜心感受教育工作的内在乐趣

善于体验教育工作的内在乐趣，是教师基本的心理技能。教师对教育过程之外的名利的过分追求，大多缘于他们难以从教育过程本身获得乐趣，得不到自我肯定、自我赞赏、自我满足和自我激励。其实，教育活动本身充满了乐趣，孕育着多重收获，是教师愉悦心境的不竭刺激源。当我们陶醉其中的时候，必定会淡化对名利的关注，甚至不惜名利的受损。

（4）不断提高自己的精神境界

精神境界并不空洞，它渗透在人们的一言一行之中。精神境界不高的人，低层次需要占优势，即使这些需要已经得到较好的满足，其需要层次仍然得不到提升，易为世俗的评价标准所导向，趋迎时髦，丧失自我。在一个物欲横流的时代，这种人必定唯名利是求。精神境界高的人，低层次需要基本满足后，高层次需要便占优势，他们有自己的价值追求、奋斗目标和评价标准，在社会时尚面前不丧失自己的独立性，既能有所作为，又不为名利所累。提高精神境界是一个长期的无止境的过程，也难以设计一些操作性很强的练习。对广大教师而言，多交几个精神境界高的朋友，多读几本好书，不失为切实可行的提高精神境界的方法。

总之，想把自己培养成一名优秀教师，应该具有强烈的事业心和责任感，去掉功利心和名利欲，以正确的心态迎接新的挑战。要时刻铭记，教师是培养人的职业，教师要为教育作出自己的最大贡献。

坚守信念，保持激情

教师感悟

以创造性的劳动去实现自己的生命价值，在创造性的劳动中，享受因过程本身而带来的自身生命力焕发的欢乐是教师职业最大的魅力所在。

——张民选载《教育文摘周报》

　　教育需要什么？解答这个问题首先要明确教育是什么？教育是创造，教育对象是各具性情的鲜活的生命。唯有创造，才能使鲜活的生命更具灵气。

　　教师的职业队伍是壮大的，同在一个工作环境中，论起初的知识、能力和水平，教师与教师之间的水平基本差不多，但经过一段时间后，只有少数教师脱颖而出，取得了令人羡慕的成绩，而很多教师仍然表现一般，没有多大进步，究其原因在于教师对工作的努力程度不同。没有激情，教师精神不振，语言平淡，教学平庸，思想禁锢。

　　一名教师在自己的博客上写了这样一段经历：刚参加工作时，他充满激情，努力干好每一项工作，教学的每一天对他来说都是新鲜有趣的，他的教学水平也在自己的努力中迅速得到提升。如今工作八九年后，却发现自己的工作激情渐渐消失，教学上也没有什么大的长进，甚感困惑。

这种现象，其实是教师发展过程中出现的"高原现象"。它严重影响教师个人的专业成长和可持续发展，继而还会对学生造成不可忽视的负面效果。处在高原期教师工作激情的衰退，原因是多方面的，既有自身的原因，也有学校乃至教育体制的原因。

缺乏激情是一个什么样的状态呢？我们来看看李老师：

李老师从事教师工作10年了，刚进学校拿起教鞭时的那种喜悦心情早就没有了。现在的他工作毫无积极性，对学生一点儿热情也没有，一学期下来竟叫不上几个学生的名字。他常年与书店绝缘，教课都是凭一本教参去挖掘"微言大义"；他把一切教育教学改革和教学技术的创新，都看成是"花架子"而拒不沾边，只是靠"老底儿"去以不变应万变。由于他观念陈旧、语言陈腐、方法单调、暮气沉沉，久而久之，与同学们形成了"代沟"，成为学校里有名的"问题老师"，人们都说："李老师的教学生涯恐怕不会长远了。"

当然，很多老师没有因为缺乏激情而成为"问题老师"，但缺乏激情仍旧是一个需要重视的问题。要想成为优秀教师，就必须和"李老师"这样的行为绝缘，始终保持工作的激情。

特别是近年来，教师工作负担和工作压力不断加大，很多教师在工作中逐渐困惑迷茫，产生了严重的职业倦怠，仅仅把工作当成机械的重复劳动，缺乏激情，毫无动力和进步可言。要想在教育工作中不断取得成绩，实现自己的理想，我们就必须做一名有激情的教师。

1. 教育需要激情

激情可以触生奇思妙想，生成创造的灵感；激情可以激越情绪，诱发兴趣；

激情可以引发动力，激情可以生发健康的心态。激情使萎靡的生命振奋，激情使颓废的灵魂崛起，激情使阴暗的心灵放射灵光。激情燃烧的岁月是阳光明媚的日子。生活需要激情，没有激情就没有活力、动力和恒力。每一个人都渴望着激情激发生活的灵感，激发生活的热情，使自己的生活充满阳光和微笑。

审视我们的教育，再看我们这些为人师者。我们的激情有多少？在我们的课堂上，在我们的教育中是否激发激情，激发情感和兴趣，是否及时互动，即时回应学生，让激情传导，或让激情萌生。没有激情的教师站在讲台上，是孩子们的悲哀。教师的激情教育使课堂生动、激越而富有创造。教师们必须对自己的精神长相负责。人的精神长相，精神的魅力，由激情、底蕴、心态、性格等多方面的因素共同建构。但是，如果没有激情的激越、流输、导引、贯畅，人的精神长相再美，也是没有灵性的，没有光彩的。有一位普通的数学老师曾经说过："一位语文老师必须有激情，没有激情的老师是不可能上好语文课的。"语文课因其独特的人文性与工具性决定了激情的必要，有激情才能让这门以语言构建的课程更为丰富多彩，才能充分地展现语言的魅力。但是，这并不意味着其他课程没有激情这个因素存在的必要，每一位老师都要有激情，没有激情的课堂情感基调也是不够高昂的。课堂上的氛围一定程度上决定着学生的接收行为和接受心理，灰暗沉闷的课堂氛围易将学生的积极性和主动性扼杀，因此，我们需要有激情的、积极向上的课堂，这样才能让教师的教学达到事半功倍的效果，还能调动起学生学习的积极性和主动性。孩子是天真活泼、热情飞扬、想象丰富的，但如果教师是冷漠、平淡、呆板的，那么孩子的活泼和生动就被扼杀了。

教育需要激情，生活需要激情。让激情燃烧我们的课堂和生活，让课堂充满生长的气息，让生活充满阳光！

2. 是什么消磨了教师的激情

一直以来，传承文化、培育人才，教师被赋予了崇高的地位，被称之为人类灵魂的工程师，是一个在人们心目中无比神圣的职业。然而，随着社会生活节奏的加快，教师的工作越来越繁忙，工作强度和压力也越来越大，以至于部分教师出现了不同程度的身心疲惫状态。教师的职业状态正在挑战他们对职业的坚守程度。那到底是谁偷走了教师的激情呢？原因当然有很多，比如教师教学竞争压力、教师的职业特点、学校管理体制、社会期望、工作待遇和教师本人的人格品质等。

（1）工作压力大

青年教师诉说工作压力大，老教师也感慨现在的学生越来越不好教。学生的成绩和升学率是每个教师头上套着的紧箍咒。升学的压力从各级教育部门传递到各个学校的领导，随之堆积在教师身上。

在这之中，压力最大的莫过于初三与高三的老师了。他们不仅自己的压力无处排解，还面临着舒缓考生压力、稳定学生情绪的工作，只能"硬撑着"。不少初三、高三的班主任，形容自己长期处于身心疲惫的状态，一旦学生成绩下降，他们就想今年的升学率怎么办？学生家长又得埋怨了！我们对得起孩子的家长吗？年复一年处在高压状态让他们生活的圈子狭小，也不愿意过多地接触别人，致使工作激情越来越小。

（2）社会压力也大

不少人有意无意把教师看成是无所不能的"超人"——学生成绩不好，要找老师；学生品德出了问题，是老师没教育好；学生磕着碰着，也是老师的责任。这些当然是教师的职业要求，但也不能不分青红皂白把所有问题都推向老师，其实老师也不是万能的。

（3）社会经济的快速发展与教师偏低的收入不太协调

虽然近几年来，教师收入有较大幅度提高，但比起中国经济发展、物价上涨的速度来看，实在显得幅度不是很大。尤其是随着当今社会教师队伍膨胀，但是教师编制问题却与之不成正比，导致很多没有正式编制的教师很难得到有保障的收入。教师在成为一名教师之前，首先也是一个需要解决生存问题的人。国家的教育体制还需要进一步地完善，给教师队伍一个合理的保障，让广大地教师能够安心地教学。

（4）职业倦怠感

教师职业倦怠是指长期工作在高度压力下的教师，在情绪、认知、行为等方面表现出精疲力竭、麻木不仁的状态。传统的一成不变的教学方法也是导致教师出现职业倦怠的重要原因。因此，要想远离职业倦怠，教师就必须要热爱本职工作，乐于创新，学会享受工作的乐趣，心中永远有一个属于自己的职业理想，这样才能使教师的本职工作有激情，有动力，有挑战，让工作成为更接近于自己理想的事业，这样才能远离职业倦怠。

3. 教师的激情从哪里来

（1）教师的激情来自于对学生无私的爱

在教师的眼里，每个学生都应该是鲜活灵动、隐藏发展潜力的生命体。热爱一个学生就等于塑造一个学生，而厌弃一个学生无异于毁坏一个学生，教师要善待每一位学生，学生的对与错、好与坏，都是他们成长中可能会出现的情况，尤其是后进生，要容纳他们的缺点和错误，为了孩子的发展，为了孩子一生的幸福，教师对学生所做的每一项工作，处理的每一个细节，都是积极有意义的。以这样的情怀来看待学生，会激起强烈的责任心，进而对学生倾注无私的爱。

（2）教师的激情来自于良好的工作氛围

环境能影响人、改变人。良好的工作环境自然能创设良好的工作氛围，良好的工作氛围能促使教师快速成长。一位教师的进步，可能受某位优秀教师的影响，可能受校长的鼓励，也可能由于教师群体积极向上的带动。总之，在良好的氛围中，教师耳濡目染，潜移默化，无形中会产生自我向上、向优秀学习的动力。

（3）教师的激情来自于学习反思的熏陶

读书能让我们拥有更宽广敏锐的心灵，因而我们才能常常感动，常常饱含进取的激情，只要常读书，生命就在，激情就在。在学习提高的基础上进行反思，更有利于进一步激发情感。"感人心者，莫先乎情。"我们可以经常问问自己：面对压力，我还有工作热情吗？我的课堂是否是一条涌动的河？我的人生有执著的追求吗？调整好自己的心态，促使自己以真挚、强烈的情感走进学生的心灵，时时将自己置于生命的原野，用真情去催发生命，为生命中的平凡而欢欣鼓动，让生命中的习以为常感动自己，再用教师的率真、坦诚、热情去感染学生、打动学生。

（4）教师的激情来自于享受成功的喜悦

心理学研究表明：一个人只要体验过一次成功的喜悦，就会激发他一百次成功的欲望。教师在工作中也是如此。在平时的教学工作中，很多教师很少有成功感可言。这首先需要学校领导尽量为教师专业发展提供平台，创造让教师成功的机会。在刚刚开始阶段，我们可以放低要求，目标要低，以小步子走的方式，更容易获得成功。

（5）教师的工作激情来自于坚定的教育信念

做一个有坚定教育信念的教师，首先要明白自己所从事的这份职业的价值，对教学怀有敬畏之心。教学永远是一个教师安身立命之根本，课堂是师生智慧生长、精神发育的生命舞台。每一个 45 分钟都是师生生命的构成，当每一节课结束时，这 45 分钟就永远定格在生命的记忆之中，成为我们生命一个不可抹去的驿站。学生也许会因为你的存在，感到这 45 分钟是最充实的，最有意义的，也许会因为你的存在而使学生感到沮丧，感到无聊。一个教师要真正教好书，首先要修炼对教学的敬畏之心，对每一节课以尊重生命的情感去对待，去展开，这是我们向好教师迈出的第一步。

敬畏应该首先缘于对教育崇高和神圣的认同。普法战争结束后，德国元帅毛奇有句名言："普鲁士的胜利，早就在小学教师的讲台上决定了！"这句话足以让我们看到教育对于国家和民族发展的重要性，以及教育的崇高和神圣。然而，教育之崇高和神圣还不仅限于此。对于被教育者而言，教育能使其成为真正的人；对于教育者而言，在教育过程中，教师能感到使人成为真正的人的精神体验，这种体验应该能使教师获得极大的精神满足。人们常说"教师是人类灵魂的工程师"，当教师真正敲开学生灵魂大门的时候，其崇高与神圣感即在其中了。另外，在教育过程中，教师自己或许能找到心灵归宿。只有把自己的灵魂大门向教育敞开时，教师才可能开启学生灵魂之门和智慧之门。而在此过程中，教师自己的灵魂也不断得到升华。这又是何等的崇高和神圣！然而，当教师为职称而折腰时，当教师为房为车而逐利时，当教师的爱心不再给予学生时，教育的崇高和神圣不仅荡然无存，甚至连教师自己也斯文尽失了。如果教师对教育有一分敬畏感，自然会有神圣的责任感。教育者应该把教育学生看成培育生命一般，教育的过程甚至是对生命的礼赞；教师若对教育有一分敬畏感，则会把教育的过程也视为自己灵魂超越的过程；对教育的敬畏感还能使教师真正地"以学生为本"，把学生看成教育的主体，最大限度地挖掘学生的潜能。

做一个有坚定教育信念的教师，要敢于向自己的教育人生宣誓。教师的职业誓言，是教师从事职业工作的准则，更是好教师对教育的庄严承诺。教师的职业誓言承载着教师教育行为的准则与规范，承载着教师对教育的理想与信念、责任与使命、真诚与情趣。

我们不妨来看看美国教师教育联合会的教师誓言：

我在此宣誓，我将把我的一生贡献给教育事业。我将履行作为教育者的全部义务，不断改善这一公共福利事业，增进人类的理解和能力，并向一切为教育和学习作出努力的作为和人表示敬意。我将这些义务当作我自己的事业，并时刻准备着、责无旁贷地鼓励我的同事们做到这一点。

　　我将时刻注意到我的责任——通过严格的对知识的追求来提高学生的智力。即使非常辛苦，即使受到放弃这一责任的外界的诱惑，即使遇到失败等等障碍而使更加困难，我也将坚定不移地执行这一许诺。我还将坚持不懈地维护这一信念——鼓励并尊重终身学习和平等对待所有的学生。

　　我将抱定宗旨，履行教师义务。志远行近，博文约礼，砥砺德行，为人师表。以高尚人格感化学生，以博爱之心对待学生，以博学之才服务学生，促进他们健康快乐地成长。

　　我们既然已经选择了教育，便决心勇往直前，用现代的理念武装自己，用自己的人格去感染学生，尊重热爱每一位学生，甘愿为学生奉献我们的一切！

　　我们将永存从教之心，以弘扬传播真善美为己任，高扬理想的风帆，让自己的价值体现在学生们沉甸甸的收获里，让我们的成就熔铸在学生们人生的辉煌中！

第二章

魅力

塑造阳光教师，
铸就人格魅力

　　教师的魅力不仅仅来自得体的穿着、脱俗的谈吐、娴雅的举止、美好的姿态，更来自内在气质的自然流露，来自教师的优良人品，来自教师的善良与关爱，来自教师的宽容与公平，来自教师的敬业与正直……

教师感悟

教师的魅力要用广博的知识、扎实的专业底子去"征服学生"；用崇高的事业心和高度的责任感去"感染学生"；用真诚、爱心和无私奉献的情感去"打动学生"；用以身作则、表里如一的人格魅力去"影响学生"。

——余维波 载《德育报》

教师无小节，处处做楷模

身教重于言传。以身作则，为人师表是我国教师的一种传统美德。孔子说："其身正，不令而行；其身不正，虽令而不从。"教师以身立教，率身垂范，才有利于教育学生，培养学生的美好心灵。教师的自身的行为有时对学生产生的影响甚至要大于说教。著名教育家陶行知曾说过这样一句话："要学生做的事，教职员躬亲共做；要学生学的知识，教职员躬亲共学；要学生守的规则，教职员躬亲共守。"

一位作家讲述了这样的成长经历：

"小时候、父亲每天吃完晚饭后，就一声不吭地拿着一本书、一支笔、一本笔记本坐在桌前看书、不停地在小本子上写写画画。我们兄妹几个也就不吭声地坐在那儿看书。即使有时想开个玩笑，看到父亲严肃的神情，认真的态

31

度，便谁也不敢说话了。我们的童年、青年就是这样在一家人无语而读书中度过的。"

"若干年以后，在与父亲的交谈中，偶尔谈到小时候父亲读书记笔记的事，父亲笑笑，一言不发地从箱子里翻出几十本封面发黄的笔记本，我翻开一看，上面画满了弯弯曲曲的符号，翻了十几本，能看懂的字不超过十个，我迷惑不解地看着父亲，父亲笑笑告诉我：'其实我根本识不了几个字，自己的名字还是在扫盲班上由扫盲老师手把手教会的。我这样做只不过是给你们兄妹几个做个样子……'"。

一位伟大的父亲用一个美丽的谎言，用一个执著的行动，引领着几个孩子走进了书的世界，靠的就是榜样，靠的就是示范，靠的就是身教。他的行为诠释了一种最重要的教育方式——身教，身教重于言教。

除了父母，教师是学生相处时间最多，对学生影响最大的人。前苏联著名教育家加里宁说："教师的一举一动都在最严格的监督之下，世界上任何人都没有受过这样严格的监督。"加里宁也曾说过："教师每天仿佛都蹲在一面镜子前，外面有几百双精细的，富于窥伺出教师优点和缺点的孩子的眼睛，在不断地盯视着他。"

教师的职业特点决定了教师的劳动必然带有强烈的示范性。这是因为教师不仅在教育教学活动中与学生朝夕相处、耳濡目染，还在于学生善于模仿、具有强烈的"向师性"心理。在学生眼中，老师就是他们的楷模和典范，老师的品德、能力、爱好、行为方式等都对学生有着强烈的感染力。

在教育过程中，身教具有言教所无法比拟的强烈动情性。由于形象直观，身教就为学生的思维发展拓展了从感性到理性，从理性再到实践的认识道路，身教就容易被学生接受。

某班主任为使初入学的一年级新生形成保护教室环境的意识，规定学生每天放学前，必须将各自桌椅下的纸屑拾净，才可离校，并指派一名卫生员，负责讲台四周的环境卫生。

一天放学，小朋友们正弯腰捡纸屑，老师发现唯独一名小组长正潇洒地把手插在兜里，一副袖手旁观的模样。而他的座位下的纸屑则由一名同学代劳。并且一连数日，天天如此。

于是，老师找他询问原因。那同学一脸无辜，理直气壮地说："您每次都让卫生员替您捡讲台边的纸屑，我是个组长，为什么不可以派同学为我捡纸屑呢？"老师哑然。

还有一个例子：

钱老师担任班主任工作长达30年之久，他深深知道，好的班风，好的习惯，好的集体，都将会影响到孩子的一生。因此，每接到一个班，他首先是抓好班级常规，培养学生良好的行为习惯。

开学第一天，他在给同学们提要求时，其中一点就是要求他们每节下课都要做到三个一：黑板的板面、讲台的台面和教室的地面都要擦干净，给上下一节课的老师创设一个良好的环境。几天观察下来发现他们都做得不好……"喊破嗓子，不如做出样子。"他想，教师的身教重于言教，时时注重自己的言行，会对学生形成正确的影响。想到他们才二年级，还小了点，很多事情需要手把手地教，于是边做示范边教。每天不管是早上还是中午，他总是提前到教室，从不间断。看见地上脏了，拿扫帚扫一扫，有纸屑就随手捡起来丢进纸篓里，看到桌凳放不整齐，就亲自动手排排好；课时和课间，看见粉笔掉在地上弯下腰自己捡……同学们看在眼里，也模仿着，他们看到贴在黑板上的生字卡片掉下来就捡起来，看见粉笔掉在地上也弯下腰……所以，他们的教室基本能保持干净，给任课老师创造一个比较舒适的环境，更给学生养成一个良好的习惯。

教师的一言一行对学生产生了很大的影响，实践证明，以身作则是思想品德教育工作中的一条规律。教师能做到这一点，就会收到事半功倍之效。因此，"身教重于言教"应该成为人民教师的座右铭。

作为一名教师，应该在学生成长道路上起到示范性的作用；那么，教师如何做才能起到身教的作用呢？

1. 严于律己，表里如一

严于律己就是要严格要求自己，凡是要求学生做到的，教师首先应该做到。严于律己是为人师表的重要前提，也是身体力行的基本要求。"不能正己，焉能正人"说的就是这个道理，教师的严于律己应该表现在各个方面，凡是育人涉及的领域，教师都应该严格要求自己，用自己的言行为学生作出表率。

表里如一，要求教师光明磊落，襟怀坦白，形成内在美与外在美的和谐统一。在与学生接触、交往过程中，教师要特别注意自己的言行，切忌把模式化的东西带给学生，杜绝做表面文章、阳奉阴违、欺上瞒下的言行，也不要给学生以虚伪、做作之感，引起学生的厌恶和反感情绪，使教师在学生心中失去应有的位置和尊严。事实证明，教师在学生面前，越真诚、朴实、自然，越容易引起学生的好感，塑造出教师的魅力。

2. 谦虚谨慎，言行一致

谦虚就是虚心、不骄傲、不自满，是虚怀若谷的精神和自知之明的态度。谨慎，就是小心、慎重、细致和严谨，是一种严密的科学态度。要做到谦虚谨慎，就必须从思想作风上反对和克服骄傲自满，发扬永不满足的进取精神。作为教师，要善于发现自己的缺点和错误，敢于自我解剖，富于自我批评精神，具有一丝不苟的严谨态度，精益求精的工作作风，为人正直。这样，才能受到学生的尊敬和爱戴，成为学生学习的榜样。

言行一致，就是要求教师说到做到，不要说一套，做一套，或做"语言的巨人，行动的矮子"。无数教育实践证明，教师只有"言必信，行必果"，才能发挥教育的威力，树立教师的威信，否则，只说不做，就会降低教育效果。

3. 仪表端庄，言行得体

仪表是教师在身体修饰、衣着打扮等方面的外部形态，是教师精神面貌的展现，也是教师内在素质、个人修养和审美情趣的体现。言行举止构成一个人的风度，是心灵的反映，也是衡量一个人文明程度和道德水平的标志之一。

教师的仪表、言行对学生具有明显的示范和引导作用。教师端庄的仪表、得体的言行，可以成为重要的教育力量，潜移默化地培养学生的审美情趣，引导学生对美的追求。同时，教师端庄的仪表、得体的言行，还会产生"晕轮效应"，使学生通过对教师的崇拜，影响对教师的内在品质和智能结构的推测和判断，从而提高教师的威信和魅力。所以教师的仪表、言行要具有美感、职业感和时代感等特征。

4. 兴趣广泛，多才多艺

学生的兴趣、爱好是多方面的。教师要想接近学生、了解学生，做学生的良师益友，就必须培养自己广泛的兴趣爱好。试想，如果教师不仅在课堂上表现出知识渊博，功底深厚，旁征博引，游刃有余，而且在课下表现出兴趣广泛，多才多艺，可以与音乐爱好者谈论贝多芬、莫扎特；与文学爱好者探讨《荷马史诗》《哈姆雷特》；与象棋爱好者厮杀，与桥牌爱好者斗智……这样，教师将会很容易走进学生的世界，成为学生的朋友。同时，教师的能力和才气，还会使教师产生巨大的人格魅力，受到学生的敬仰。比如：运动场上有教师矫健的身影；出板报时，有教师不凡的表现；合唱节上老师的指挥大获全胜；看足球时，老师可以充当业余解说员，等等。这样的教师，其所具有的才气和人格魅力在育人中将会成为一种重要的影响力量，把学生牢牢吸引在自己周围，学生就会心悦诚服地接受教师的教诲，并以此为荣，受益终生。

先生之风
山高水长

人格铸就魅力，教师要有境界

教师感悟

虽然生活阅历赋予我们成熟，社会经验赋于我们练达，文化知识赋于我们修养，人生挫折赋于我们机智……但是，对真善美的执着追求，对假丑恶的毫不妥协，火热的激情，正直的品质，永远是教育者的人格力量；从教师的第一次与学生的见面开始，教师哪怕表现出一点点矫饰、敷衍塞责，都逃不过学生那一双双明净无邪的眼睛。面对学生，教师只能有唯一的面孔——诚实，因为真诚只能用真诚来唤起，正直只能用正直来塑造。

——叶建存载《德育报》

教师的人格，是以高尚的师德、超人的才情、深厚的学养为基础升华而成的人品格调和精神气质。成功教育的奥妙在于教师人格的魅力，而教育的困惑与失败，大多源于人格的失落与错位。只有教师具备了人格的魅力，学校才会变成"美好的人间"。

著名电视节目主持人白岩松讲述过这样一个真实的故事：

一个美丽的秋天，北京大学，新学期开学了。一个从外地来的学生背着大包小包的行车走进了校园，实在太累了，就把包放在路边。这时一位老人正好走过来，这位外地学生就拜托这位老人帮自己照看一下行李，自己就轻装去办理各种手续，老人爽快地答应了。近一个小时过去了，外地学生归来，发现老人还在尽职尽责地看守着自己的行李。外地学生谢过老人，两人分别了。

几天之后，北京大学举行开学典礼。这位外地学生惊讶地发现，那天替自己照看行李的那位老人就是在主席台上就座的北京大学副校长季美林教授。

人格魅力，才是教师最重要的素质！它不亚于一个博士学位在人们心中的震撼力。而且，人格魅力对一个教师来说是第一位的。一个教师可以没有博士学位，但不能没有人格魅力。

学生是教师的一面镜子。在北京大学的未名湖里，倒映着的是伯雅塔的投影，在这个外地学生的心里映照着的又是什么呢？不正是季先生的人格魅力吗？

新华社曾经播发过一则题为《雾都教员有奇遇师德撼动窃贼心》的电讯稿，报道了一个动人的小故事。

重庆西藏中学的吕德贤老师，去沙坪坝给外甥女办理户口，将身份证、户口本、外甥女的出生证明和刚在邮局办理的 6000 多元的存款单等夹在一本书里，把书放在随身携带的尼龙袋中。乘车途中，尼龙袋被人划破，东西全部失窃。然而出人意料的是，五天后吕老师突然收到一封快件，失窃物品都被寄回，还附了一封短信。信中只写了一句话："老师，你是一个伟大的人，我错了！"原来，在吕老师丢失的书中，还夹着一封已升入辽宁营口一所中专读书的藏族学生达珍的来信，信中称吕老师为"从来不曾忘记的母亲大人"，还深情地回忆起吕老师多年来对她无微不至的关心和爱护，表达了对老师"妈妈"和母校的深深眷恋之情。正是这封情真意切的信，打动了窃贼的心，促使他主动寄回了钱物，还表示了对吕老师的敬意和自己的悔恨。

这件事情在当地传开以后，人们既为一个藏族女孩对汉族老师怀有纯真"女儿情"所感动，也为那个良知尚在的窃贼知错就改的勇气而高兴。然而，在人们心目中留下印象最为深刻的，还是一位普通人民教师身上那种能够清洗被污染的灵魂的人格力量！

1. 教师人格魅力及其作用

人格是个体精神面貌之所在。生命的品位、灵魂的境界，取决于人格，而教师的人格既包含该群体应共有的普遍性的心理品质，又包括每位教师作为独特的个体所别具的风格和气韵。前者是教师人格的基本构成，具有公共性和稳定性，后者是教师人格的独特构成，具有特殊性和个性化倾向，两者合成了教师鲜明与丰富的人格魅力。一个出色的教师，他的人格魅力就在于他能使不具有审美眼光的人拥有一双发现真善美、感知真善美的眼睛，使不具有审美心灵的人成长出一颗同美的节拍一起跳动的美的心灵。说到底，教师的人格魅力就是教师身上那种艺术化的吸引力、感染力、感化力等征服人心的力量的总称。

（1）激励学生的学业发展

教师高昂的理想精神、虔诚的敬业态度以及为达成教育目标而表现出的强烈求知欲，本身就是鼓舞学生好学上进、勤奋进取的无声召唤。当学生仅仅为了升学考试而学习，其动力来自生命的外部，是一种游离人心灵需求的"外部学习"；而学生受教师崇高的理想和敬业精神的深深激励，并转化为一种洋溢在胸的内驱激情，就能常保求学创业所必备的奋进状态，从而形成外在行为与心灵渴求合二为一的"内部学习"。后者将使学生不因环境的安逸、压力的减轻而放弃自觉的理性追求。而在这种学习类型的转化过程中，教师的理想精神和敬业态度就起到了激发学生高尚的学习动机和价值观的重要作用，这种因师生日常相处而对学生灵魂所显示出来的无形的"感动"和震撼作用，比课堂上人生观教育所运用的语言力量更富有魅力。

（2）陶冶学生的情感态度

教师超越狭隘、超越功利、无私纯洁之爱，能使学生产生饱满积极的情绪体验，获得一种澄澈明朗的美好心境。马斯洛在"需要层次论"中指出：人们在满足了生理、安全需要之后，继而产生一种爱和归属的需要。爱是人们身上普遍存在的，人不能离开集体环境，在集体中人既需要别人爱自己，又需要自己爱别人。

一个人入学前主要是在父母的关怀下成长，他们从父母那里得到爱，身心得以健康发展。入学后，教师成为他们生活中的重要人物，是父母之外的第二位的影响源，他们自然会将情感期待和爱的要求转移到教师身上，伴随着师生课堂内外交往的增多，在"校园情感场"这个特定情境中所产生的心灵和谐共振也会得到强化。这里，教师的举手投足、一颦一笑均能点燃学生情感的火花。久之，使他们对教师形成强大的向心力和深厚的归属感，并迁移为热爱学习、探求真理的优美情愫。而且，更进一步将教师的这种情感立场上升为自己立身处世的行为准则，从而确立相应的关爱他人和尊重他人的情感态度。

（3）激发学生的道德升华

教师磊落的胸怀、突破功利羁绊的道德人格，无疑对作为道德主体的学生具有显著的示范价值，其道德行为和渗透其中的道德理念对学生构成了生动的德育主导因素，使其能自觉意识到要按照教师所显现的具体可感的道德规范去校正自己的道德信念。

缺乏道德人格的"经师"，只是以空洞乏力的道德说教，从外部制约学生的道德行为，就不会使学生有动力对灵魂作自我审视和自我反省，更不会主动去用活生生的道德标准衡量自己的道德行为并作自我调节。相反，难免还会出现时下并不罕见的德育中的逆反心理。

古人云，"以身立教，其身亡而其教存"。反之，"其身虽存则其教已废"。这说明了以身作则、为人师表的重要性。学生有着天然的"向师性"，特别是小学生，把教师的言行奉为准则和标准，开口"这是我们老师说的"，闭口"我们老师也这么做"，言下之意，他们老师的言行都是真理。因此，教师的言行举止必须符合规范，必须有较高的修养。

（4）催发学生的意志强化

教师在诱发学生潜力、倾心将其培养成才的教育进程中所表现出来的坚韧意志力，必然会拨动教育对象的心灵之弦，激荡其血肉之躯中的浩浩阳刚之气。当学生渐渐浮出混沌的岁月，探出自觉的头颅，睁开清醒的眼睛，更深切地感受到托举生命者的坚强与刚毅，并把这种对意志力的心灵体验内化为自己谋求自主和自动发展的不可摧折的意志时，便在自己的人生和事业进程中表现出为达成既定奋斗目标永不气馁、锲而不舍的意志穿透力。

（5）促进学生的智能提高

教师有高尚的献身教育、教书育人、为人师表等品德，就会勤奋学习，刻苦钻研，深入了解学生，不断端正教学思想，改进教学方法，为学生智能的发展提供根本保证。反之，就会放松教学研究，降低对自身的要求，当一天和尚撞一天钟，敷衍塞责，应付了事；就会满足现状，不思进取，思想僵化，见解陈旧，知识老化，这样不仅会"误人子弟"，甚至还会"误国误民"。

一个热爱学生、关心学生、尊重学生的教师，能提高学生学习的兴趣，增强学生学习的信心和自觉性，诱发学生的创造力，从而促进学生智能发展。如果师生之间心理相容，感情真挚，学生对教师就会更尊重，对教师的教学也易于接受。当学生来到集体之中，亲身感受到一种轻松、愉快、亲切的气氛，就会保持积极的情绪，思维清晰，反应敏捷，获取知识当然也就能够比较迅速和有效。即使学习上遇到困难，他也愿意动脑筋想办法去解决，因为他把在教师指导下进行学习看做一件愉快的事情。这样就有利于学生智力的发展和能力的提高，有利于增强学习效果。

（6）优化"文以载道"的教育效果

人格教育应渗透到学科教学中，做到文道统一。比如，语文是一门知识学科，也是一门育人学科，可通过具体的文章对学生进行潜移默化的教育。假如将思想教育比作盐，把文学作品比作菜肴的话，就应把盐放在丰富多彩的菜肴中，让学生吸收进去，而不是让学生大把大把地直接去吃盐。教师除了把学科知识传授给学生外，还要引导学生理解其中深刻的思想内涵，体味高尚的道德情感。

执教者思想素质的高低往往决定教学效果的好坏。即使是同一篇文章，不同的教师执教，也会产生不同的教学效果，这不是文章本身的问题，也不仅仅是执教者本人业务水平和能力问题，而是执教者思想道德素质在起作用。许多人念念不忘自己的老师，不仅仅是敬佩老师的才学，更重要的是敬仰他们的人格品质。《藤野先生》中的藤野先生，《最后一课》中的韩麦尔先生就是典型的例子。

2. 教师要做健全人格的表率者

健全人格是指人格的和谐、全面、健康发展，是对理想人格的不断追求和接近，教师的健全人格具有教师职业所需要的人格特质和要求。人民教师应努力做健全人格的表率者。

（1）追求高层次的人格需要

表现为具有崇高的教育理想和教育信念，具有为教育事业献身的精神，忠诚人民的教育事业。人格需要是人格形成的动力，高层次的人格需要对健全人格的形成会起到巨大的推动作用。教师只有树立崇高的教育理想，以"育天下英才"为己任，才能热爱教育事业、献身教育事业，以满腔的热情和忘我的精神投入到工作中；才能对教育事业呕心沥血，执著追求；才能克服工作中的各种困难，跨越各种障碍，完成人民教师的神圣使命。

古往今来，凡是有作为的教育家和教师，都是矢志教育、献身教育，具有崇高教育理想的。陶行知不为教育部长的高官厚禄所动，以"捧着一颗心来，不带半根草去"的高尚情怀，终身安于"粉笔生涯"；徐特立一生"以教书为职业，以教育为事业"，为人民的教育事业作出了杰出的贡献，被尊为"现代圣人"、人民师表。这些伟大的教育家，以他们崇高的人格追求，为我们树立了不朽的师德风范。

（2）具备高尚的人格品质

表现为具有强烈的事业心、责任感和敬业精神，热爱、尊重学生，为人师表，民主公正，诚实守信，淡泊名利，甘为人梯。高尚的人格品质是健全人格形成的基础。教师只有具备高尚的人格品质，才能产生强烈的事业心和责任感，忘我工作，无私奉献，勇于牺牲个人利益；才能发自内心地热爱学生，关心学生，做学生的良师益友。

（3）具有优良的人格心理

表现为心理健康，胸怀坦诚，个性鲜明，情绪稳定，思维敏捷，兴趣广泛，善解人意，有与他人健康交往的愿望和能力，人际关系和谐。良好的心理素质是健全人格的重要体现，也是教师从教的基础。一个心理健康的教师，才能意识到自身的责任，自觉履行教师职责，并以自己优良的个性、稳定的情绪、积极的心态、广博的兴趣、顽强的意志，以及良好的心理承受力和社会适应力去影响学生，带动学生，引导学生形成优良的个性品质。

（4）具有优良的人格智能

表现为具有教师职业所需要的基本技能和较高的文化素养，智力、能力协调发展。人格智能是健全人格的支柱，也是教师从教的基本条件。培根说，知识就是力量，知识就是道德。优良的人格智能，是以广博的知识、合理的知识结构和较强的运用知识的能力为前提的。教师要形成健全的人格，必须具有优良的人格智能。

（5）具有健康的人格身体

表现为身心健康和谐，精力充沛，具有较强的社会适应能力。人格身体素质是人格形成的物质基础，也是做好教育工作的基本前提。世界卫生组织宪章指出：健康乃是一种身体上、心理上和社会上的完满状态，而不只是没有疾病。它要求人体各器官发育、运转正常，还要求人对于社会环境有良好的适应能力。可见，人是一个身心统一体，心理健康要以身体健康为基础。因此，教师要形成健全人格，必须注意强身健体，保持旺盛的精力、充沛的体力，这样才能完成教师繁重的体力、脑力双重劳动。

教师感悟

士不可不弘毅，任重而道远。师道，就是要求老师成为人格独立的人，成为善于丰富精神世界、善于开拓创新的人、成为受学生尊重的人。不论你是身处穷乡僻壤，还是走居于繁华都市；无论你是默默无闻，还是功成名就；只要你是老师，你就不能卑微，也不能高人一等，你就注定要永远肩负传承文明的重荷，体就注定要有普罗米修斯的情怀，因为你是中国教育的脊梁。

——彭在义载《德育报》

关注精神世界，坚守人文精神

　　教师作为知识和文化的传播者，需要专业化的技能，但更需要丰富的精神世界作基石。那么，教师应该具备什么样的精神？又应该如何建构自己的精神世界？作为人类文明的承载者、创造者和传播者，肩负着培养现代人、传播现代人文精神的重任，教师理应首先具备人文精神。

　　人文精神是在历史中形成和发展的，由人类优秀文化经积淀、凝聚、孕育而成的精神，是内在于主体的精神品格，体现在人们的气质和价值取向之中，它维护人的价值和尊严，追求崇高的价值理想、崇尚优良的道德情操、向往和塑造健全、完美的人格等，它不仅关怀自我价值的实现，而且关怀社会，甚至人类文明的前途。

以历史的眼光来看，中国教师有着悠久的人文精神的传统。人文精神，是中国传统文化的根。早在春秋战国时代，华夏文化就完成了从神本向人本的过渡。孔子说"天道远，人道迩，非所及也，何以知之"，明确表达了对天道的不信任和怀疑。《周易》提出了"天行健，君子以自强不息"。这种自强不息、相信人为的精神，正是中国传统人文精神的极好写照。在儒家学说的深刻影响下，道德至上成为中国人文精神的实质。"乐得其道"、"忧道不忧贫"、"谋道不谋食""搏施民而济众""为天地立心，为生民立命，为往世继绝学，为万世开太平"是君子必备的人格境界。于是，从大教育家孔子到三味书屋的寿镜吾老先生，以"达则兼济天下"为己任的儒生们成了中国古代至近代教师群体的主体，收徒教书是另一种的"济天下"。可以说，他们是中国传统人文精神的主要载体，在其优秀代表身上我们可以看到自强不息、道德至上和积极人世的精神。"师道尊严"一说正是建筑在这种人文精神的基础之上的。

进入现代社会，人文精神的内涵发生了很大变化。中国传统人文精神始终未能超越宗法人伦的羁绊，德性是其永恒的主题；而西方的人文精神却在一次次的否定中，发生了质变与升华，人文精神的发育要丰满得多。

今天的教师，当然与时俱进，在坚守中国的人文传统的同时，更应该具备现代人文精神。现代人文精神的内容很丰富，但一般说来，主要包括：对生命的关怀和对人生幸福的追求、主体精神和自主意识、自由意识、公正意识。

对教师来说，真正拥有人文精神，并不是在口头上和文字上虚谈人文精神，而应该是在教育教学实践中最大程度地体现和落实人文精神。教师对人文精神的践行主要表现为：在由课堂生活、班级活动和日常生活等所构成的学校生活中，教师对学生、自身和教育世界的人文关怀。

教师对学生的人文关怀首先体现在对学生课堂生活的关心上。在以往的课堂生活中，教师对学生的关注更多地集中在少数学生的学业成绩上。在新课程改革背景下，教师同样要关注学生，但这种关注有别于传统课堂中对学生的关注，教师再也不能仅仅把学生作为认识客体来看待，而应把学生视作一个个认识主体、价值主体、情感主体和道德主体等；不能仅仅从学业成绩角度来评价学生，而应从整体生命发展角度来评估学生；不能仅仅关注少数学生，而应关注课堂中的每一个生命。教师在课堂生活中对学生的人文关怀不是"宏大叙事"式的，而应体现在教育教学的每一个细节中，表现在教师的举手投足间和一言一行上。教师积极的教学行为和人本化的教学言语本身就蕴涵着丰富的人文教育资源，是教师自身人文精神的真实体现，如教师公正的提问方式、负责的工作态度、正向的课堂评价等，既是教师现代人文精神的具体体现，又对学生现代人文素养的形成产生重大影响。

教师在展开教育过程、选择教学方式、安排教学内容等时都要秉持现代人文精神，坚持"以人为本"、"以学生发展为本"，既要适应和满足学生的需求，又要适度引领和提升学生的需要，以满足学生需要的方式来最大程度地促进学生的发展。教师要常常对自己进行伦理追问：教学是否考虑到了学生的整体发展状况？是否尊重了学生的生命权、健康权、自由表达权？是否公正和平等地对待了每一位学生？能否和学生进行自由的对话和交流？……在这种充满人文性的课堂中，教师既关注学生的感性生命，也关注学生的人格生命；既重视学生对物质生活的需求，也重视学生对精神生活的追求。

一天，我上科学实验课，课题是"物体的沉和浮"。我出示了生活中的例子，讲明了实验的目标，提出了实验需要验证的假设以及如何设计实验方案后，便让孩子们自己开始动手做实验，我则巡回辅导学生。绝大多数同学都非常认真地做实验，并且得出了自己的结论。

可是，有一名学生却趴在实验桌上舒舒服服地睡着了。这让我满肚子气一时无处发泄。于是，我重重地在她的实验桌上拍了一巴掌。这是，她才漫不经心地从梦中惊醒，揉了揉惺忪的眼睛，又瞪了我一眼。恼怒之极的我大声问道："实验做完了吗？"她不慌不忙地拿出实验方案放在我的面前，表示她已经做完了。我拿起来仔细一看，不禁气得噎住了。她的实验方案写着："我不会写方案，请你教教我。"

过了一会儿，我才平静下来。这时候我心平气和地问她："不会，怎么不早问呢？"

她这才轻轻地告诉我："昨天，我拉着你的衣角想问你一个问题，老师你低下头看了我一眼就走了……我平时成绩差，表现也不好，同学瞧不起我，老师你也不理我……"说着，两眼泪汪汪的。

我的心在那一刻被深深地震动了，面对一颗被我的一个动作伤害的稚嫩心灵，我简直无地自容，尽管那个动作是无心的。

从那以后，我开始注意自己的每一个动作，每一个细节，开始认识到作为一个教师，需要时刻信任学生，理解学生，并坚定关心每一个学生的信念。因为我知道，教师的每一个动作，对学生来说都是有意义的，对于期待关爱的孩子来说，老师的每一个关爱的动作，就是他们潜在的动力，老师蹲下来与孩子的交流，就给了孩子平等的信心。

这是一个小学教师的教育叙事，说明了，教师的人文关怀对于学生的重要性。

如果说，在课堂生活中，教师占据了"前台"的位置，那么在班级活动和生活中，教师则更多地处于"幕后"地位。与课堂生活相比，班级活动更具有自治性、学生自主性等特点，学生在其中的主体作用可能更为显著。随着年龄的增大，学生的自主意识和能力也渐趋增强，教师要顺应学生身心发展特点，充分尊重并采取有力措施逐渐使自主权回归学生，而不是独揽大权，事无巨细地代替学生做主张。教师人文精神在学生班级活动中的实践行为主要体现为尊重、保障学生的主体地位，支持学生自主地开展班级活动、班级自治和班级民主管理，如在班级干部选举中引进竞选机制或采取轮换制度，在班级活动安排中实行招投标制度或公平分配制度，让班级中每一位成员都享有权利并承担责任。民主精神、主体精神、自主意识只有在自己自由支配的活动中才能得到培养，只有在自由的环境和氛围中才能逐渐生成。

先生之风

山高水长

教师感悟

打起精神，整理好自己的情绪，换一种心态投入新一天的工作。教育是一种有遗憾的事业，教育工作也就是普通教师的主要生活。只有走在追求理想的路途中，只有在发展学生的同时发展自己，才能在日常琐屑的工作中找到幸福。于是，你善待每一个学生，你精心准备每一节课，你珍惜每一次学习机会，你宽容生活中的每一个人……

——车曲劲 载《教育文摘周报》

学会微笑，做阳光型教师

笑是心态阳光的表现——心情愉悦，笑容才会安详；笑是乐观处世的表现——善待人生，笑容才会美满；笑是信心的表现——相信自己，笑容才会有魅力；笑是内心真挚的情感流露——坦诚、善良，笑容才会友善；笑还是对工作意义的正确认识——乐观、敬业，笑容才会积极。

其实，笑是爱的体现。生活不是由伟大的牺牲和责任构成的，而是由一些小事情，像微笑、善良和小小的职责组成的。

当你皱眉时，回报是蹙额；当你怒喊时，回声定会是愤怒；当你抱怨时，回应是苛刻的态度；当你诅咒时，回视一定是憎恨的目光。所以，无论对朋友还是对陌生人，要微笑，要努力发现他们身上值得赞扬的品质。事实上，我们每个人都有值得称赞的地方，而且人类出于天性也深深地向往着赞扬，我们要做的就是表达出内心的赞美之声。

教育是世界上最阳光的事业，教师也应该成为最阳光的人。爱是教育的前提，教师对学生的爱，拥有强大的教育力量。心理学研究表明：学生总是趋向于模仿爱他与他所爱的教师。教师给予学生真诚的笑容和喜爱，会对学生产生良好的情感体验。而借助于这种情感的触动与催化，教师易于将学习的要求与愿望转化为学生自身的要求与愿望。

教师，你要笑对每一个学生，奉献出所有的真心和爱心，微笑地鼓励、欣赏他，真心地关心、爱护他。无论课内课外，都要努力关注他们的情绪变化，了解他们的思想、心理，及时给予表扬、给予安慰、给予提醒……总是想方设法让他们快乐起来，也促使他们以乐观积极的态度对待学习，对待生活，那么，学生们回报你的将是亲近你、听从你、关心你、爱戴你。

李雪梅老师就是这么一个人。李老师多年执教小学低年级语文课并担任班主任工作。每天早晨，李老师总是早早到校，把教室收拾得干干净净，然后，面带笑容站在教室门口迎接学生们的到来。多年来，她慈祥的微笑印在了一代又一代孩子们的心里。她在教师岗位上辛勤耕耘了 30 年，所有认识她的人看到的都是慈祥的微笑。有一个叫张俊的孩子，开学第一天就要拿着砖头砸李老师。事情过去以后，李老师并没有因此嫌弃他，课上课下依然对他笑容满面，只用了一个多月的时间，就让他改掉了许多坏习惯。有人会想：为这样的孩子值得吗？可是李老师用行动回答：值得！她用笑容感化了孩子冰冷桀骜的心。

教学中，也许一个微笑就会让学生深受鼓舞，难以忘怀，带来学习生活中无限向上的激情。请多用笑容温暖学生的心灵，让他们在充满微笑的阳光中健康、快乐地学习、成长。

我喜欢笑，也喜欢带着笑脸给学生上课，更喜欢看到学生的笑脸，因为我可以从他们的笑脸中感受到快乐。

可是，我们班上有个不爱笑的学生，其实，她有一个很好听的名字——婕茵，从名字上想象她应该是个笑颜如花的女孩，可事实上，她的小脸老是绷得紧紧的，当其他同学捧腹大笑时，她也只是扯扯嘴角。平时她文静、内秀，很少说话，课堂上也很少发言；她的学习成绩处于班级中等水平，品行等其他方面也表现平平，属于班级中的"中等生"。在我教她的一年多的时间里，我几乎忘记了她的存在。

直到有一天，一件微不足道的小事改变了我对婕茵的看法，好像也改变了她自己。

那是一次放学，由于班会课上强调的事情太多了，所以下课稍微晚了点，乘车的学生都急急忙忙地往外挤，我站在讲台上维持着秩序。不知哪位学生不小心把门后面的扫把弄倒了，可大家都只顾着挤，好像没有注意到横在地上的扫把。这时，婕茵挤了过来，告诉大家看着点，别被绊倒了，然后把扫把拿了起来。我被这一幕感动了，没想到这么一个平时对班级事情充耳不闻的学生竟把事情考虑得如此周到。我重新审视自己，是否真正地关注过这位不起眼的学生？其实每个学生都渴望得到肯定、重视，特别是中等生，他们更需要我们的关注，更需要我们给予点滴的支持和鼓励。第二天我立刻在班上表扬了她，并尽力赞美了她关心集体、为他人着想的好行为。同学们不约而同地为她鼓掌……那天，我第一次看到了她可爱的笑脸。

从那以后，我上课的时候提醒自己要多留意她，并时不时用微笑的目光和她交流。在学习上，只要发现她有一点进步，比如说她做出了一道较难的题，举手并且大声地回答了一次问题……就当着全班同学的面表扬她。一次单元测试，有一道难题，全班只有两位同学做对，而其中一位竟然是她！针对这次测试，我再次表扬了她。原来老师的赞美有如此大的魔力，它就像阳光、空气和水，是学生成长中不可缺少的养料；它也像一座桥，能沟通教师与学生心灵之河。以后的课堂上，她经常举手要求回答问题，我也从没让她失望，经常让她有表现自己的机会，慢慢地，我发现她爱笑爱说了……看着她快乐的笑脸，我也很快乐。

有一次，她拿到试卷看到自己的成绩后对着我开心地笑了，教她四年以来，第一次看到她如此灿烂、可爱的笑容，我不由自主地说："婕茵，你笑起来的时候真的好可爱呀！"她抬起头对我眨了眨眼，马上低下头调皮地做了个鬼脸。多么可爱的学生，我真希望通过我们的努力，让每位学生都能由衷地微笑。这无疑是我们每一位教师最愿意看到的。

作为教师，你的微笑拥有着无穷的教育魅力。教师微笑着面对学生，能给学生一种宽松的师生交往人际环境，能使学生感受到教师的理解、关心、宽容和激励。教师的微笑是腼腆学生的兴奋剂，使他们得到大胆的鼓励，敢于去表达自己；教师的微笑是外向好动学生的镇静剂，使他们得到及时的提醒，意识到自己的言行需要控制和自律。教学工作中教师的微笑能够活跃课堂氛围，活跃学生思维，活跃学生的情绪。德育工作中，教师的微笑是对不良行为的理解和宽容，引起学生的自我反思和觉醒，是对良好行为的鼓励和赞许，激励学生不断努力和进取。教师的微笑和严厉同样重要，但二者相比，微笑更平和、温和，更可爱、可亲。严厉的教师令学生敬畏，微笑的教师令学生喜爱，善于在严厉中不时渗透会意微笑的教师，则令人敬爱。

教师微笑着面对同事和领导，有利于构建合作性的同事关系，有利于营造一种积极向上、追求卓越、团队学习的发展型组织。用微笑去赞美教师和领导，用微笑去化解误会和冲突，用微笑去谋求合作，用微笑交流思想和灵感，你会体验到教育的巨大幸福，你会少许多焦虑、困惑和无助，多许多理解、支持和帮助。

　　教师的微笑应该是善意的、会意的，发自内心的，而不应该是装出来的、无奈的、痛苦的笑。只有心中装着学生的教师才会有甜美的、会心的、善意的微笑，只有真正尊重学生的地位，尊重学生的人格，尊重学生的潜能，教师的微笑才会起到作用。

　　不苟言笑未必就是好老师，一味严厉未必就是好老师。在如今的学校教育中，微笑成为一种极易忽略，甚至珍贵的教学资源。一笑泯恩仇，笑一笑十年少，笑比哭好。既然如此，我们何不对学生多一点微笑，对同事多一点微笑，对家长多一点微笑呢？笑一笑吧！让阳光冲破阴霾，让温暖取代酷寒。笑，是语言的礼貌，教师的一个微笑能够让自己赢得学生，能够让学生赢得整个世界！

先生之风
山高水长

第三章

展示教师形象，

涵养优雅气质，

教师的形象是由内在和外在形象共同构成的，而内在形象须通过外在形象才能展现出来，也就是教师的思想、品德、业务、作风、仪表等素质综合的外在表现，是广大学生对教师的印象和评价。教师形象所产生的效应，对学生人格的塑造起着不可估量的作用。

注重仪态，教师要有好形象

教师感悟

教师本身不仅是知识和文明的传播者，还应该是美的化身。教师的形象不仅会给学生留下深刻的印象，也会直接地影响到受教育者的情操陶冶、行为习惯等，触及到心灵的教育方面，能够产生潜移默化、耳濡目染的影响。

——马振海 载《教师礼仪》

虽然俗话说人不可貌相，但现实生活中教师的仪容举止就是作为"貌相"成为学生的"第一印象"。因为最先被他人感受的就是一个人的外表，何况爱美之心人皆有之，学生也同样追求并崇尚美好的形象。一位衣着整洁、举止文雅礼貌的人，就会被人们认为是有教养有学识的人；一位仪态端庄、稳重大方的人，会被人们认为是正派诚实的人；一位衣着华丽、举止粗俗的人，会被人们看做缺乏教养、不可信赖的人。作为求知中的学生第一次接触教师时会注意到教师的仪表装束、言谈举止，从而在心理上为教师定位，为自己与教师的关系划定距离，是可亲还是可信，还是反感讨厌？当然在课堂教学和日后的接触中，教师的德、才、学、识会让学生逐步的得到了解，但教师的内在素养与外在形象的有机结合，会在学生的"第一印象"。中留下深刻的印象，这无疑对教师的工作是大有益处的。

1. 教师仪态

教师的仪态指教师的仪容姿态，这是塑造教师形象的重要内容，是教师在一定职业道德的支配下，以教书育人为目的而表现出来的职业习惯。

教师是知识的传播者，文明的化身。教师的仪态应当是仪容举止端庄，言谈姿态文明，待人接物热情诚恳。这样的教师，学生才容易对他（她）产生信赖感，直接受到良好的影响及教育，有利于教师威信的形成。

教师作为有知识、有文化、有教养的知识分子阶层，其仪态的谦和、真诚、含蓄、宽容、仪态端庄、文雅大方是为人师表的职业特征。不管教师个人是否意识到，他的一言一行、一举一动对学生的影响都在悄悄地发生着。英国的培根说："相貌的美高于色泽的美，而秀雅合适的动作美又高于相貌的美。"这里所指的动作美，应该就是人的举止姿态。因此教师的仪态起着"身教"的重要作用。

教师与学生相处的仪态，是教师教育教学工作成功的基础。教师作为知识与智慧的象征，人类文明的使者，在学生的心目中具有很高的地位。当教师与学生相处时，其角色绝非只是"传道授业解惑"的教书先生，而是严父、慈母、长兄、朋友、导师多元化的角色。

（1）尊重学生人格，平和对待学生

师虽然是师，生虽然为生，但在人格上相互是平等的。对待犯了错误的学生，不能只是一味的训斥，使学生对教师生畏，隐瞒真相。只有让他们在教师的面前敢讲话、讲真话、讲心里话，教师才能找出问题的症结，并与学生一起分析错误的原因，使学生真正认识到错误的危害，从中吸取教训。特别面对独生子女增多，孩子们民主意识增强的现实，教师遇到一些经常犯错的学生就头疼，心烦，往往是一顿呵斥，再加上请来家长告状以解决问题，结果导致学生越看教师"那张脸"（学生的话），心里越害怕甚至憎恨教师，甚至同教师对立起来，所以教师一定要学会尊重学生的人格，不要只强调"师道尊严"。当然"尊重"不是"放纵"，是平和地对待学生，认真倾听他们的诉说，支持他们正确的举动，切切实实地深入学生之中，了解学生们的需求，真正成为学生的知心人。

（2）仪容端庄，态度亲切，具有亲和力

教师的仪态，往往是学生在师生交流的第一时间就感触到。虽然人的相貌有美与丑之别，但在学生的"儿不嫌母丑"的心态基础上，只要教师经常面带微笑，对学生不急不躁，目光亲切充满热爱与期待，无论在课内或课外谈吐文雅且态度和气，学生就会认为是"好教师"。

忌课内面容和蔼、侃侃而谈，课外只顾往家赶，拒学生千里之外。即使因事不能及时接待学生，也尽可能婉转向学生解释清楚，取得学生理解。

忌与学生碰面时，只等待学生和自己打招呼，而要主动与学生打招呼，或用目光示意。

忌学生犯错误时，不问理由，大声呵斥，甚至说出伤害人格的言辞。

在与学生谈话中，不要甩下学生自顾自去回电话，或与其他老师聊天。

在回答学生的问题或听学生反映情况时，要耐心、细致、周到，且用目光对学生表示鼓励或期待。

永远记住爱生如子，就会在神情、态度等方面使学生感到满意，感到教师有亲和力，对教师有信赖感。

2. 教师举止

举止，指人的姿态和风度。大方的举止，能给人一种愉悦感，受到人们的喜爱和尊重。教师因其职业的关系，更要讲究举止的文雅、端正而庄重，给学生做出示范和楷模，将学生培养成为举止文明、行为文雅的人。所以每位教师都应该像对待教学设计那样，注重"设计"、"润色"自己的举止行为，有意识地通过温文尔雅、落落大方的举止行为，给学生形成美好的印象和良好的影响。

（1）教师举止的气质表现——文静端正

我们常说"某某的气质真好"、"某某具有教师的气质"。气质，指人的相当稳定的个性特点，是高级神经活动在人的行动上的表现。每个人的举止都会为自己形成一种气质的表现。教师举止的气质表现应当是文静端庄的。教师以"饱学之士"成为知识分子的重要组成部分，其职业特点是"教书育人"，即通过教师的言传身教将人类文明传播给下一代。教师的举止中蕴含着教师内在素质的外观，形成了教师的独特的气质表现：坐相文静、站姿端正、目光专注、表情丰富、动作彬彬有礼，一举一动之中表现了教师的知书达理、温文尔雅。前苏联教育家马卡连柯说："高等师范学校应当用其他的办法来培养我们的教师，如怎么站、怎么坐、怎么从桌子旁的椅子上站起，怎么提高声调、怎么笑、怎么看待细枝末节……这一切对教师来说都是必要的，如果没有技巧，那不能成为好教师。"这些话告诉我们教师个人的举止行为，不是无关紧要的个人私事，关系到教师是否具备所从事职业的技能和事业成功的保证。

（2）男教师的举止

作为男性，中国传统观念中特别提倡要具有阳刚之美，并将此标准覆盖到对男性的各方面的要求之中。男教师的举止无形中也受到了传统观念的影响，一般都认为男教师姿态，走路矫健洒脱，说话干脆利落，对待困难勇敢坚强，遇到问题沉着冷静，至于一般的举动姿态粗放些也无关紧要。

其实，无论男教师或女教师作为智慧和知识的化身，代表着进步文明，其姿态和风度也表现着个人内在的学识和德行，同时也受着职业道德的支配和限制。就像不少老教师所感叹的那样，教师就是半个演员，一辈子都在学生的注视下工作、学习、生活，一举一动都受到学生的关注。男学生出于同性间的苛求，女学生出于异性间的关注，都对男教师的姿态风度有自己独特的标准，只有男教师姿态风度真正表现出学生们认为应该表现出的庄重潇洒、不卑不亢、落落大方、文雅得体，学生们才会从内心服气，并敬佩爱戴。

男教师的举止忌过分谨小慎微、拘谨忸怩，这样既影响男子汉的形象，又给自己的工作带来负面影响。其实落落大方与谨慎持重并不矛盾，关键在于如何把握好"度"。

男教师的举止又忌盲目狂妄自大，说话摇头晃脑，动作粗俗不堪，教学物品丢三落四等行为，这绝不是男子汉的气派，而是缺乏教养的表现。

男教师有以下具体禁忌：

动作大大咧咧，一走三晃或一下课就坐在课桌上。或不顾教师的形象，边走边吃、边吃边丢。

穿着拖鞋进校，或运动后衣衫不整。

经常上课铃落后才急急忙忙冲进教室。

上课不用板擦，只用手在黑板上抹字，再无意识地抹在身上。

在教室、办公室大声咳嗽，随地吐痰。

一下课当着学生面就马上抽烟，还将烟灰乱弹。

自己的课本教案边角翻卷少皮没毛，或一下课就将课本一卷塞入口袋。

见到学生，从不主动打招呼，当学生打招呼时，自己正眼都不愿看，只管走自己的路。

（3）女教师的举止

女教师的高尚情操、渊博学识、良好教养是通过其文静端庄的举止表现出来的。孟德斯鸠说："一个女人只有通过一种方式才能是美丽的，但是她可以通过千万种方式使自己变得可爱。"女性的长相是先天已有无法改变的，但她的一举一动、一姿一态则可以表现出其高雅的气质，散发永久的魅力。的确，现实中有不少女教师年事已高，身体发福，头发花白，但从她们的姿态风度中表现出知识女性特有的文雅安详，仍然具有迷人的魅力，令人从内心叹服。例如 2000 年中央台举办的"首届荣氏杯主持人大赛"的评委中北京外国语大学张冰姿教授，虽然已是年龄花甲，但她优雅的举止，慈祥而不失严肃的神情，温文尔雅的表现，令人为之叹服。

女教师要培养自己具有文静端庄的举止，首先要靠内在素质的不断充实提高，才能使外现的举止符合职业的要求。其次平时要注重修养、训练，使举手投足的举止优美动人。

教师的站功是必备的，其实这是女教师锻炼和展示身材的机会。站立时应该身体稍侧，前脚尖向前，后脚跟摆成 45 度斜角，胸挺起，腰椎骨挺直，腹部和臀部都尽量向内收缩。在教室里走动时，步履轻柔，不要使学生的心理上产生压力。

在校园行走时，一般情况下女教师的步伐不可太快、太大或太慢太小，尽量适中，两手自然摆动，腰部不要东摇西摆，使自己保持女学者的高雅气质。

上下楼梯，女教师上身要保持正直，身体及腿部稍作倾斜状，除了脚部以外，身体的平衡力不要向后倾。

女教师的坐姿应上半身挺直，头部抬起、挺胸、双腿合拢，伏案提笔时双腿的膝盖不可分开，背部必须挺直，不能趴在桌上，胸与桌子保持一拳距离。

无论在课内或课外，女教师千万不要当众满头去搔痒，真需要时，可用食指或小指轻做梳头状。

在校园的公众场合，女教师切忌不顾一切的吐痰、擤鼻涕，衣袋或手包中应随时装有餐巾纸备用。

女教师在讲课时，一般要左手拿课本，右手拿粉笔，需要双手作动作时，不要五指分开、胳膊直伸，动作要稍微有些含蓄。讲课前，女教师注意要先调整心态及面部表情，在学生面前应展示出教师精神饱满、神采飞扬的一面。

女教师与学生谈心时，要像慈母般拉近距离，语调平缓，声音略低，尽量只让师生二人听见，不要粗声大气，引得周围人都扭头来看热闹。适当的时候可以边谈边拍学生的肩头或后背，或给学生系好衣扣，拍拍土，这些举止都可以使学生从心里对教师产生好感。

先生之风 山高水长

博学多才，做有文化素养的教师

教师感悟

教师应该是博览群书的饱学之士。五湖四海，古今中外，上下五千年，纵横八万里，教师都应该有所涉猎。这样，教师在课堂上才有可能口吐珠玉、游刃有余，讲起课来左右逢源、旁征博引，妙趣横生、见地别具，谈吐不凡，从而给学生带来一路春风，使其如同进入一个迷人纯净甚至是可以嗅到花草芳芳的知识王国。这样的课堂，学生怎么会不流连忘返、身心陶醉呢？这样的教师，学生怎么会不爱戴、尊敬呢？

——王云清 载《人民教育》

文化，不只是知识，更是浩瀚的知识海洋中折射出的高尚深邃的精神境界。以传授知识为己任的教师必须拥有这种精神境界，做一个有文化素养的教师。

一个有文化的教师应该是把教育事业视为生命的人。他向往有意义的人生，淡泊名利，能以高度的智慧站在人类文明发展史的高度，承担着社会的责任；他独立思考，勇于开拓，不唯上不唯书，敢于挑战权威；他不是只燃烧自己的红烛，而是在塑造学生精神脊梁的同时发展自我，与学生共同成长，让自己的生命之树也枝繁叶茂，生机盎然。

一个有文化的教师应该是把读书学习作为生活方式的人，终身与书籍有着不了情缘，终日沐浴在氤氲书香中。他与经典同行，与圣贤为友，思接千载，视通万里。他读书走天下，既读万卷书，更行万里路，不断追求自我的完善。

一个有文化的教师应该是赋予学生以灵魂的人。他既教书，更育人。教书，他既授人以鱼，更授人以渔；育人，他既重言传，更重身教。他始终恪守教师职业道德，锻造健康完善的心理品质，培养高尚高贵的人格结构。学生从他身上，理解了诚信、尊重、友爱和责任，学会了团结、儒雅、豁达和坚强。

百年大计，教育为本；教育大计，教师为本。历史赋予教师以期待，现实赋予教师以责任。作为教师，我们理应用智慧和汗水来捍卫教师的荣誉，用真情和坚守续写教师的崇高。而这一切要求我们首先必须成为一个有文化的教师。

教师要成为一个有文化品位的人第一是读书，第二是读书，第三还是读书。读书是使人"文化化"的过程。

教师读书应不拘泥于教学参考资料，习题集，应自觉博览群书，无论科普读物还是人文图书都应纳入视野，读教育名著、唐诗宋词、世界名著、学术精品等。教师须有系统有选择地读书，进行高层次的经典之读，古今中外的经典之作无不具有独特的气质精神，蕴藏着深刻的文化内涵。教师应吸取经典之作中的文化营养，在丰富的知识殿堂里滋养情感。"与经典同行，与圣贤为友"，从而获得强大的精神力量，使读书成为支撑起人格精神流动的河床和气势。教育的很多智慧，说起来大多可以在古老的经典中找到，历久弥新。

书是人类的文化积淀，广阔的阅读可以给教师创造一个广阔的精神家园。读书是"思接千载、视通万里"的精神漫游，是继承和发扬优秀时代精神，启迪和发展心智的有效途径。教师要努力保持着因阅读而不断被激起的那份冲动、想象、思考和希望，使自己的精神世界经常涌动着无穷的活力。教师不仅从读书中培养审美情趣、陶冶情操，更从蕴涵的时代精神价值、文化智慧精华中提高自身的人文修养，使读书的积累形成控制人举止行为的内部文化品质。

有文化品位的教师总是对客观知识怀有孜孜以求的态度，保持对学术的景仰，对真理的崇尚。读书要有成效，必须应用。书中的知识有真伪之别，什么是真知识，什么是伪知识，只有在实践中用了才能得到检验。教师的有效阅读必须依靠写作，写作是思考和行动的调和，是对思维的检测，是进一步发现和欣赏自己的内心，是"书中乾坤大，笔下天地宽"的意趣领略。

教学实际是一个人内在文化素养的外化。一个有文化品位的教师，不是传授知识而是启迪智慧。是让学生感悟人类智慧的高妙，体会伟大心灵的美好。教师往讲台上一站，本身就是活生生的课程资源。有文化品位的教师，追求高超的教育技巧，注重教学的有效性，懂得引导学生交流，进行心灵的沟通，激起智慧火花的碰撞，让学生体会山穷水尽后的豁然开朗，使教学异彩纷呈。这样的教师会通过音容笑貌、一言一行向学生传递文化的气息。课堂因此变成了点化和润泽生命的园地，变成了挑战智力，提升心智，涵养气质，完善人格的圣地。

一个有文化品位的教师，使教育达到了激发学生创造力、挖掘学生潜能、弘扬学生个性的目的。这样的教师绝不会满口讽刺挖苦，而是举止文雅，浑身散发着书卷气和激励人向上的力量。一个有文化品位的女教师，可以不漂亮，但一定充满了高雅的气质；一个有文化品位的男教师，可以不潇洒，但一定具有儒雅的风采。这种文化品位或许就是吴非的愤世与傲骨，于漪的执著与奋斗，魏书生的哲学与超脱。

一个有文化品位的教师，具有理性精神，闪烁着人性善良的光辉，其博大的爱惠及与之接触的每一位学生。这样的教师具有良好的生活习惯和修养，在任何生活细节方面都表现出是一个有教养的人，是有着良好、温和而优雅性格的人，礼貌而懂得关照别人。这样的教师是一个有真性情的人，有信念和理想，可以不依赖现实而生存。灯红酒绿的地方与之无缘，生活看似简单，却真正远离喧嚣，即使在贫乏的环境中也能自得其乐，享受着宁静而精神富足的生活。这样的教师一定有自主意识，会用自己的头脑去判断、去思考、去行动，会因此获得一种挺立的人格，保持着内心的澄静与清明。

做一个有文化品位的教师，会获得职业与人生双重的幸福。

教师想成为一个有文化品位的人必须有系统有选择地读书。博览群书可以使教师增加自己的知识底蕴，为自己的工作储备更加深厚的知识平台。教师在读书时要有所选择与侧重，建议教师在品读与教学相关书籍的同时，涉猎以下内容：

1. 古代经典

教师要向专家型的教师方向发展，必须多读些学术精品，因为学术精品中具有强大的精神力量。如经典作品的忧郁、悲悯、雅致、优美、圣洁、庄重和意境等等。在我国古代文化宝库中，《论语》应作为教师的必读书。孔子是我国古代伟大的教育家，他的教育内容及教育方法奠定了中国传统教育思想，对中国历代的教育发展产生了深远的影响。孔子古老的教育智慧，经过了历史的淘洗对我们当今的教育改革仍是有启迪、有裨益的。另一方面，中国的许多古籍都有励志性质，这些书籍强调气质精神，有深刻的文化内涵，故能经久不衰。所以，一个有文化品味的教师，还要读其他诸子散文、唐诗宋词以及历代经典诗文、学术精品。"与经典同行，与圣贤为友"，让我们每位教师都来诵读文化经典。

2. 文学名著

人民教育出版社温立三提出 "读1000本通俗期刊，不如读一行好诗，读一行名家的诗。与其读1000本地摊上的东西，不如读一本名著。"在温立三看来，贯穿人的一生的阅读可以分两步走：一是"博"，广泛阅读各类读物；

二是"精"，就是对一两部、三五部名著进行反复的阅读，经常读，一辈子读。"如果能够将一两部名著读通了，读精了，名著精神将会化为一个人自己的精神血脉，甚至改变其一生的行为方式。"

因为文学是历史的一面镜子，是生活的多彩画卷，体现着关于人世、宇宙和幻想世界的形象思考，体现着人的思想感情、情操人格和个性，大凡称得上经典的中外文学名著，多是出自于那个时代的语言和思想非常成熟前辈"大家"之手，这些名著主要反映的是那个时代的社会生活，代表了那个时代的思想感情。因而阅读名著是继承和发扬优秀的时代精神，启迪和发展心智的有效途径。作为教师更应读名著，不仅从中培养审美情趣、陶冶情操，更要从其蕴涵的时代精神的价值、文化智慧的精华中提高自身的人文修养。这是作为一个学习型的教师必不可少的。

3. 儿童文学

儿童文学是整个文学的重要组成部分，许多儿童文学同样对成人具有强大的吸引力。而且，作为教师要关心学生就得走进学生的世界。那么，阅读儿童文学作品，关心学生在读什么，能够帮助老师真正走进儿童世界，去正确认识、理解儿童，正确处理儿童与成人、儿童世界与成人世界的关系。同时教师通过儿童文学的阅读，还能够对学生的阅读起到筛选、推荐、指导、讨论的作用。

4. 文化杂书

"读史使人明智，读诗使人聪慧，演算使人精密，伦理使人高尚，逻辑使人善辩。"要使人生真正受惠于知识，广博的阅读积累是非常关键的，读励志类书，读专业书的效果是有形的，读其他文化书籍的效果是无形的。因为在读文化书籍的积累中会形成控制人的举止行为的内部文化品质，对人生更有决定意义。所以读书要广要杂，尤其教师更要博览群书，做个杂家。教师广泛涉猎历史任务书籍的同时也要阅读科普读物，因为科学训练思辨，着眼于人类生活的外部环境，而人文涵育情感，着眼于人内心世界，二者的统一才能在重视科学的基础上彰显人文性。

书是人类的文化积淀。读书是"思接千载、视通万里"的精神漫游；是"书中乾坤大，笔下天地宽"的意趣领略。让我们每位教师能保持着读书时不断地被激起的那份冲动、想象、思考和希望，在我们的精神世界里涌动着无穷的力量。

教师感悟

宽容不是别的，它是老师的美德懿行，它是老师知识和能力的结晶。宽容的背后是老师融融的爱心，宽阔的胸怀，豁达的气度，开朗的性格，广博的知识，诙谐的谈吐及正确的教育思想。教师具备宽容这一美德尤为重要，因为它可以让重负在宽容中释放，让心灵在宽容中净化，让生命在宽容中升华。

——赵尚斌 载《德育报》

慈悲宽容，做心胸豁达的教师

宽容就是对学生的爱护、信任，是一种对生命的尊重。它体现了人文关怀精神，同时也是教师与学生人格平等的外显。

爱是教育的别名，宽容的本质就是爱。宽容意识是教师必须具备的一种素质。没有宽容意识，就不可能成为一个爱学生，反过来也被学生所爱的好老师。大凡威信高、深受学生爱戴的教师，无不具有博大的胸怀和宽容的精神。那些不被学生喜爱的教师，多半是不从内心深处真爱学生，而且不关心学生痛痒、缺乏人情味和宽容精神的。

有的教师可能会错误地认为，对学生的宽容是一种无能的表现，会在学生面前丢面子。因而，当学生有某些过失的时候，就缺乏理智地进行惩罚，尤其是对那些平时比较调皮的学生，常常采取罚站、罚写作业，撵出教室，剥夺其受教育的权利，甚至谩骂、殴打等侮辱人格的举动。这些做法不仅违反了教师的职业道德，而且也触犯了相关法律。

下面我们共同分享一个教育案例。

英国当代著名解剖学家约翰·麦克劳德读小学的时候，特别淘气。有一天，他想亲眼看一看狗的内脏是怎样的，便偷偷地将校长的宠物——一只可爱的哈巴狗给杀了。校长知道后气得七窍生烟，他决定惩罚这个"无法无天"的学生。怎么罚？出乎人们意料的是，他既没有批评这名学生，也没有开除他，而是罚他画一幅人体骨骼和人体血液循环图。

约翰·麦克劳德被校长的宽容精神深深打动，从那以后，发愤钻研解剖学，终于成为举世闻名的医学巨匠。

试想，假如当年这位校长采取粗暴严厉的批评方式或者开除他的学籍，那么这个天才的解剖学家也许会因为错误的教育方式而被断送光明的前程。在赞叹这位校长的高明的教育方法的同时，我们也该反思自己在日常教学中的所作所为。

在学校，我们常看到这样的镜头：老师大动肝火，厉声呵斥，学生或低头不语，默默反抗；或嘴巴高翘，不屑一顾；或泪水涟涟，痛哭流涕，以求蒙混过关。老师的暴风雨一过，被批评的学生感悟：之一是自己运气太差，自己撞在枪口上；之二是这个老师特别会骂人，真讨厌。极少有真正反思过失，痛改前非的。教学中对学生严格要求并没有错，但要讲求方式方法，尤其不应苛求，要学会宽容。

"严师出高徒"是中国基础教育的一种传统文化和传统观念，这个"严"

不应该排斥教师对学生的包容和理解。"严师"应该是严格而不严厉，而教师对学生的"包容"当然不是放任自流，必须校正学生不良的学习和生活习惯，要严在当严处，爱在细微中，要把包容心和责任心贯穿教育的始终。包容也绝不等同于教师对学生缺点或错误的一味纵容，不是教师对待学生的软弱无能，而是对学生的不足、缺点甚至错误的包容、理解和原谅，是对学生能够克服困难、改正错误、提高学业成就的信任，更是对学生发展缓慢的一种等待、期待。教师的包容是学生自信心的保护伞，是学生发展的一种动力，为学生的成长留足了自主反思的空间。

在多年的班主任生涯中，经常遇到一些性格特殊的学生，他们共同的特点就是独立意识强，不易接受别人的意见或建议，凡事从自己的角度考虑的多，站在对方的角度考虑的少。在面对老师的管理时。他们很易冲动，往往会发生正面的冲突。在这些学生身上，即使教育起了作用也很容易发生反复。这样的学生会使班主任感到头痛，处理不好也会在班级管理中产生很强的负面作用。

那是一个深秋的早晨，我刚一上班，值周老师就来"告状"："你班的小杰太不像话了！"我心中一惊，小杰是我们班有名的"调皮大王"，经常在老师或班干部安排工作时唱反调，以前也有几次对老师不礼貌，曾因辱骂老师受过警告处分。但经过我苦口婆心地做工作，最近已经大有进步，不知又做了什么"惊天动地"的事会把老师气成这样。我连忙问："出了什么事？"值周老师向我讲述了昨天晚上发生的事。

原来，昨天下午放学后，小杰并不是值日生，却迟迟不回寝室，在值日生拖地时不停捣乱。值周老师进行劝阻时他很不以为然，称自己在和同学开玩笑，根本没有"不尊重别人的劳动"，认为值周老师多此一举。在老师离开不远时，他竟然出口不逊，甩出一句"你懂个屁"，并在老师叫他回来时装作听不见，扬长而去。

我听了这事后很生气，在向值周老师表示歉意的同时，真想立即到教室把这个惹是生非的小子揪出来。小杰以前所犯的错误还历历在目：前些天，小杰在自习课时，因为老师说话的声音大了一些，就当众说老师"真没礼貌"；在我外出由别的老师代理班主任时，他对老师说"你又不是班主任。有什么权利管我们？"不过我感觉经过耐心细致地引导，他的处事态度方面大有好转，许多老师都说他有进步，难道以前的教育心血全都付之东流？转念一想，冰冷的物体尚有惯性，何况活生生的人呢？学生犯错误，尤其是习惯性的错误，做老师的，做家长的，应该有发生反复的思想准备，绝不能够急于求成或丧失信心。不管别人怎么看，依我对小杰的了解，他虽然固执、冲动，但却也是一个有正义感、知错能改的好学生，我相信他在事后应该有所醒悟。我过早介入此事未必能达到最好的教育效果，还是等一等吧。但我还是让班长把话传递给他：我相信他自己能认识到自己的错误，能处理好自己的事。

果然，第三天，值周老师告诉我，小杰已经真诚地向她道歉了，并感谢我所做的工作。我说，其实我什么也没有做，我只是做到了等待和宽容。我有的只是对学生的信心和耐心。

在当周的班会课上，我还在全班同学的面前表扬他知错就改的好品质，并说老师认为他在学习上的潜力很大，相信他在学习上也会令人刮目相看，那一晚，我看到了小杰眼中闪闪发亮的泪珠，那是被人信任后激动的泪水。

在以后对小杰的教育中，我也始终把信任放在首位，小杰在信任中逐渐成长起来。

面对小杰对值周老师的无礼，老师没有急着批评小杰，也没有给予他严厉的惩罚，而是以一颗包容的心来对待这件事，并坚信小杰是个好学生，他能意识到自己的错误并及时改正。老师的宽容换来了小杰的幡然醒悟，同时也使他感受到老师的良苦用心和无私的爱。

　　曾听到过这样一个故事：有位叫史蒂芬•葛雷的医学科学家，当记者问他为什么比一般人更有创造力时，他回答，这与他两岁时的一件小事有关。

　　有一次，他尝试着从冰箱里拿出一瓶牛奶，因瓶子很滑，他一失手，瓶子掉在地上，牛奶溅得满地都是——像一片牛奶的海洋！他的母亲来到厨房，并没有对他大呼小叫、教训或是处罚，她说："哇，你制造的混乱可真棒！我还没有见过这么大的奶水坑。牛奶反正已不能喝了，在我们清理以前，你要不要在牛奶中玩几分钟？"他的确这么做了，最后在与母亲一起清理完厨房后，他母亲又说："如何用两只小手拿大牛奶瓶，你已经做了一个失败的实验。来，让我们把瓶子装满水，看看怎样才能拿动它。"小男孩很快就学会了，用双手抓住了瓶颈，就可以拿住它不会掉。

　　由此可见，错误对孩子来说常常是学习新东西的机会，所以不要害怕学生犯错误，怕的是老师无包容之心，不能抓住机会用正确的恰当的方法对有错误的学生给予引导。

　　上自然课了，我来到教室前，平时安静的教室，今天居然是一片笑声。我不动声色地走到教室门口见教室上空还飞着两只纸飞机，黑板下的地板上还躺着几只纸飞机，平时爱出风头的两个学生边笑边舞着手，引得全班同学观看。"自然老师来了！"有人看到了我，小声地提醒其他人，教室里迅速安静下来，那两个带头的学生直到旁边的人用手捅他们，才慌慌张张地停下。

　　当时我恨不得马上把他们狠狠批评一顿，但在走向讲台的时候我改变了态度，我捡起讲台边的纸飞机，清了清喉咙，笑了笑说："正在举行飞行大赛呢，瞧这架飞机折得多精致呀，关于飞机，同学们都知道哪些知识呀？"

我话音刚落，学生们便议论了起来，"飞机是由机身、机翼组成的。""飞机是莱克兄弟发明的。""飞机的形状很像鸟类，人类可能是从鸟这种动物的身上得到了启示从而发明了飞机。"……"人类正是在鸟这种生物的启示下，经过反复实验，发明创造出了飞机，实现了在天空飞行的梦想。除了鸟之外，自然界里的许多生物，都有着奇特的本领，给我们人类的发明和创造带来许多灵感和启示。通过今天这堂自然课的学习，也希望你们获得灵感和启示。"我自然而然地导入今天的内容《生物的启示》。

如果老师当堂把那两个带头淘气的学生狠狠地批评一顿，如果当时老师把那两个学生送到班主任那里，如果……，正因为老师的包容，教育了那两个学生；也是老师的包容，让这群孩子知道了知识的重要。

在教学过程中，宽容体现在对学生的教育上。教师处理问题要有余地，但并不是无原则的放任自流，教师对有过错的学生应因势利导，要用宽容的心教育学生，人非圣贤，孰能无过。学生因缺乏自控力而犯错误，这是人成长过程中必然出现的一种现象，从某种意义上讲，成长的过程就是犯错改过的过程，宽容学生的错误是理解学生，爱学生的表现。因为宽容，老师给了学生足够的尊重，给学生留足了面子，更给了学生一个反省和改过的机会。宽容是一种无声的教育。它的教育力量常常超出我们的想象，在这个案例中，这位教师以一种积极有效的高层次的教育态度包容了学生，让孩子们知道了知识的重要，更有胆识直面错误，改正错误，尝试新的事物。

幽默风趣，做最受欢迎的教师

教师感悟

教师除了以严谨的态度教导学生之外，还必须有幽默轻松的一面，这是现代人必须具备的素质。有幽默感的教师更有人情味，更可依赖。一个不幽默的老师在学生心目中是古板、落伍、乏味的象征。

——卢军载《教师成长关键词》

法国有谚语说：没有幽默的地方，生活无法忍受。足可窥见幽默的重要意义，课堂生活当然也不例外。每个人一生的学习过程中会遇到许多老师，一个具有幽默感的教师往往会是受学生欢迎的教师，会在他们的记忆中留下很深的印象。幽默本身就是一种艺术，是美感的外在表现，也是道德感的自然流露，理智感的具体反映，教师人格美的示范。

教师的幽默会拉近师生的距离，解除尴尬的气氛，课堂中的幽默则能吸引学生的注意力，令学生对所学知识加深记忆，更好地进行情感交流。教师的幽默能使学生受到耳濡目染的熏陶和感染，使学生形成幽默品质，养成乐观豁达的气度和积极进取的精神，调动学生学习的兴趣和积极性；幽默可以抚慰学生心灵的"创伤"，可使学生智慧的火花重新燃烧起来。

苏霍姆林斯基说："教师的语言素养在极大程度上决定着学生在课堂上脑力劳动的效率。"教师的语言不仅要讲究科学性、规范性，还要讲究艺术性。语文教师是更直接地同语言打交道的，因此，对其语言的要求也应更严格。语文教师的语言要在准确鲜明、简洁明了的基础上力求做到风趣幽默。在课堂教学中如能运用得当，便会使教学语言具有针对性、情趣性、启发性和指导性，从而收到更好的教学效果。

著名特级教师于永正老师在教学中最大的特色就是幽默。在他的课堂上笑声不断，氛围和谐。

他在讲《我爱故乡的杨梅》时，请一个学生朗读，这个学生非常认真，读得声情并茂："细雨如丝，一颗颗杨梅贪婪地吮吸着春天的甘露……端午节过后，杨梅树上挂满了果实。杨梅的形状、颜色和滋味，都非常惹人喜爱……没熟透的杨梅又酸又甜，熟透了就甜津津的，叫人越吃越爱吃……"

学生读完，于老师扫视一遍教室，一本正经地说："小建同学最投入，因为他在边看边听小荣朗读的过程中，使劲咽了两次口水。"学生们先是一愣，很快便回过神来，全都哈哈地笑了起来。于老师继续说到："课文中描写的事物，肯定在他的脑海里变成了一幅幅生动鲜明的画面。我相信，他仿佛看到了那红得几乎发黑的杨梅，仿佛看到了作者大吃又酸又甜的杨梅果的情景，仿佛看到了杨梅果正摇摇摆摆地朝他走来，于是才不由自主地流出了'哈拉子'……"听到这里，学生笑得更响亮了。

待学生笑过，于老师郑重其事地说："如果读文章能像小建这样，在脑子里'过电影'，把文字还原成画面，那就不仅证明你读进去了，而且证明你读懂了。老实说，我刚才都差点淌口水了，只不过没让大家发现罢了。"学生再一次哄堂大笑。

就这样。于老师通过幽默风趣的语言，把抽象的文字变成形象的画面，让同学们在轻松愉快中理解并记住了。

于老师的幽默，不仅体现在课堂教学中，还体现在批评教育学生的过程中。

有一次，小队长崔广徐收作业，可是他的队员李朝军、张安军、赵从军都没有带作业。见此情况，崔广徐很生气，于是向于老师"告状"。

看着崔广徐非常生气而其他三个人却若无其事的样子，于老师顿时明白了：看来这几个调皮鬼平时不怎么听崔广徐的话啊，得想个办法帮助崔广徐。

有一天，恰好崔广徐穿了一件崭新的蓝色毛衣，肩部设计得很标致，有个小小的开口儿，还钉了四个黄色的金属扣。于是，于老师说："现在广徐了不起了啊，成大尉了！"这句话说得四个学生一头雾水，迷惑不解地看了看于老师。

"不信？你们看他的衣服。一道杠、四颗星，难道不是广徐晋升为大尉，是'大尉司令'了？所以啊，从现在起，你们'三军'更得听他的了（平时，于老师称呼李朝军、张安军和赵从军三人为'三军'）。"

"三军"中最调皮的李朝军问："那我们是什么啊？他都当大尉了，我们还是兵吗？"

"那当然喽！你们不但是兵，而且还是列兵。"

"不！我们才不要当劣兵呢，我们要当好兵！"

"呵呵，我说的'列兵'是'列'，'排列'的'列'，而不是'恶劣'的'劣'。"说着，于老师随手把"列"写在了黑板上。

"当然，也可以晋升。不过，需要看你们的表现。如果你们进步了，就可以晋升为上等兵、下士、中士、上士。呵呵，你不知道吧，仅'兵'就有五个等级呢。所以啊，你们一定得好好干！"

崔广徐一听，立刻就一本正经地下了命令："你们回家拿作业。如果没有做完，中午一定记得补上，否则可要军法处置了。"

"三军"一听，乖乖地走了，并且在中午时完成了所有没完成的作业。

就这样，一句幽默的玩笑话，不但改变了"三军"，让他们变得服从命令、服从管理，而且还帮崔广徐在同学面前树立了威信，解决了工作中存在的问题。

教师的幽默富有感染性和迁移性，有利于沟通师生之间的情感，建立良好的师生关系。教师通过幽默的语言、表情、动作等，拓宽了自己的思维宽度，以自身的"范例"倡导平等、民主的师生关系；学生通过教师的幽默，消除了对教师的敬畏心理，缩短了师生间的心理距离。因此，使学生认识到教师丰富多彩的个性特征和内心世界，觉得教师不只有可敬畏的一面，而且还有风趣可亲的一面。幽默可使师生关系不断改善，彼此通过反馈来的信息调整双方的关系，形成人格平等、作风民主、感情融洽及互助合作的师生关系。

幽默是教师个性的展现，是教学过程中哲理和情趣的统一。走进名教师们的课堂，我们常常能听到学生情不自禁地开怀大笑。教师用幽默营造了一种轻松愉悦的课堂氛围，让学生的精神获得自由，智慧在高峰体验中绽放绚丽的花朵。

案例中于永正老师的幽默带有强烈的喜剧色彩，他用口头语言来营造诙谐有趣的情景，让孩子在快乐中学习。

总之，幽默是教学的利器，可以使学生在笑声中轻松愉快地获得新知，可以使枯燥乏味的课堂变得和谐而又充满活力。

第四章

关爱

爱是成功教育的基石

　　教师是仁者。教师应该充满仁爱之心，爱自己、爱学生、爱社会、爱世界。他会用"爱满人间"的胸怀去关爱一切。他对学生就像对待自己的孩子一般呵护、欣赏和宽容——像对待鲜花上的露珠一般呵护，像对待自己的杰作一般欣赏，像对待自己的错误一般宽容。仁者无私，让每一位学生在爱心中健康成长是仁者教师的追求。

爱的前提是尊重

教师感悟

每一个学生都是一个"人"，都是"上帝"赐于我们的一件艺术品。尊重是教育的第一原则，也是"爱"的主要表现之一。我尊重每个学生，不仅仅让他们感到我和蔼可亲，更重要的是我理解并尽力满足他们的内在需要，无论是学习上的、心理上的，还是生活上的。

——于永正 载《德育报》

　　爱的力量是教育中的重要力量。教师对学生的爱和尊重是一种伟大的力量，教育成功的秘诀在于热爱孩子、尊重孩子。得到教师爱和尊重的学生往往更容易与教师合作，使教育得以顺利进行。

　　讲台不是上下尊卑的界线，学生有他们自己的人格。他们也渴望得到教师的理解和尊重，希望得到教师的肯定和赞许。教师若放开架子，走进他们的学习和生活，尊重他们的建议和意见，理解他们的思想。这样，就能拉近师生之间的距离，使学生明白、理解和接受教师的教育思想，在尊重学生的言行举止中，让学生体会到教师对他们的关心和爱护。给学生留下自由的空间和时间，获得发展的主动权，让他们用自己的双手来描绘他们的未来。

　　教师究竟该怎样尊重学生呢？

　　首先，要扪心自问，从自身做起。爱是尊重的基础，如果离开了对学生的真爱，尊重只能是虚假的形式，唯有发自肺腑的爱，才能产生真正的尊重。正人先正己，一个人发现别人的错误比发现自己的错误容易，而错怪别人也比检讨自己简单。作为教师，很多时候我们一张嘴就能说出学生的一大堆缺点：不守纪律、不尊重教师、作业不能认真完成、以自我为中心……试想，如果我们能站在一个和学生平等的位置上先审视一下自己：在教育教学中是否把学生看成了和我们一样平等的人？我如果处在学生的位置上我会怎么做？想好这些问题然后再审视学生，也许我们眼中的有些问题就不成为问题了。

其次，尊重学生即意味着接纳学生，接纳学生的个性，接纳学生的思想，接纳学生独特的创见，还要接纳学生的内心感受。具体来说就是：

1. 尊重学生独立的人格

教师和学生在知识经验方面可能存在不平等，但教师不应以此自居，应切记教学相长。学生是活生生的人，他们有思想、有情感、有思维、有独立的人格。教师的言谈举止都要为人师表、堪为表率，都要体现出教师对学生的热爱、对学生的尊重。

2. 尊重学生个性的差异

学生不是一个模式制造出来的工业产品。尊重学生，就要承认和接受他们身心发展、认知规律的差异，不能强求一致。教学时也要考虑学生的实际，给学生提供足够的信息，供不同程度的学生选用，让不同程度的学生有不同程度的发展和提高，使每个学生都有成功的机会、成功的体验。如课堂提问时，难易程度不同的问题请不同层次的学生发言；设计练习时，不同程度的学生可以完成不同量的题，动作快的多做一些，动作慢的少做一些；评价时，尽量减少横向比较，鼓励学生超越自我。尊重学生，还应承认人在获得信息时方式各不相同，有的利用听觉，有的依赖视觉，有的需要动手操作来获得。

3. 欣赏学生

每一个学生都有长处和闪光点，有的也许教师也无法比拟。学生作为发展中的个体，固然存在这样那样的不足。尽管如此，教师也要保持用欣赏者的眼光看待学生，让学生感受到教师对他的关怀、爱护和肯定，让学生感受到教师对自己的欣赏，也许教师对他的欣赏正是他勤奋学习和创新的目标和动力。给每个孩子信任的目光、鼓励的话语吧，也许你的一个眼神、一段话语就是一个孩子即将成功的基石。

第三，别错过尊重学生的机会。

一个教师讲了这样一个故事：

有一天，一个学生拿着一本课外辅导书去问教师，但是这位教师一看，就没好气地跟这位学生说，你连基础题都不会，还做什么"课外题"！快回去吧。我看到这位学生失望地离开。

许多日子以后，又闻听这位学生转学了。我们不知道是什么原因。

仔细想一下，可能这位教师错过了尊重学生的机会。对于一个"后进生"，我们更应该保护他这份难得的上进心。学生去问问题，说明他还抱着想学好的态度，或者他是在向教师"示好"。如果这位教师正确地利用这次机会，后面的情况可能是另外一番样子。

再次，深入理解尊重的内涵。尊重不是顺从放纵，也不是简单地给学生面子。某杂志上有篇题为《新课改中的精彩对白》的文章：

"高峰同学，请你把这段课文读给大家听一听，好吗？"一节公开课上，执教教师满怀希望地看着一个胖乎乎的男同学。"老师，现在我不想读！"小男孩不顾听课教师在场，大胆地表达了自己的意愿。

"你有权保持沉默！"执教教师笑容依然，"我们会耐心等待，以后再欣赏你的精彩表现。"

果然，在后半节课中，这位学生主动请求，以自己精彩的朗读获得了听课师生热烈的鼓掌。

学生的"不"，并非都能像那节公开课上那样迅速完美地找到答案，它需要我们教师更多地在课下单独与学生沟通交流，打开学生的心结。保护学生的尊严，尊重学生的学习个性，小心翼翼地保护他们稚嫩的心灵不被伤害，这都是对的。但是，尊重不等于让学生随心所欲。尊重学生，并不是说学生喜欢怎样，教师就让他怎样，由着他们的性子来。教育学生遵守规则，培养学生的责任意识，更是尊重学生的更深层次表现。

我们尊重学生的目的是什么？是让学生意识到自身的价值与尊严，从而使其能够积极主动地向前发展。这就要我们每位教师，相信每个学生通过教育和社会的影响都能够朝着美好的方向发展。因此，尊重学生，是教师从内心深处对学生的发展怀着积极、善良的期待，是为师者灵魂深处对学生关爱与负责的态度。

好教风

好学风 好校风

以爱沟通，用爱浇灌

教师感悟

老师，请不要吝啬你的爱。你的声音里有爱，就更容易渗透到辽远的空间；你的目光里有爱，就更柔和地传达温暖的诚意；你的臂膀里有爱，就更坚定地扛起羸弱的身躯；你的双手里有爱，就更轻盈地托起孤寂的心灵。

——杨振亭 载《德育报》

　　每个人都渴望爱与被爱，爱是世界上最美丽的语言，爱是世界上最伟大的力量。教师的爱，能化解学生心中的坚冰，能给学生带来希望。相反，如果一味地对学生进行知识灌输，而缺乏爱的教育，则会对学生的一生产生很坏的影响。有这样一个故事：

　　一个初三的男孩毕业考试没有通过。他的父亲很焦急，于是把他带到教师面前。

　　"毕业考试怎么没通过呢？"教师问他。

　　"我厌学。"他回答得很直率。

　　"为什么厌学呢？"

　　"我讨厌教师。"

"教师都是爱孩子的呀！"

"那是过去的教师，现在的教师不爱孩子，恨孩子。"他肯定地回答，目光中冒着冷气。

教师很诧异。

古人云："亲其师，善其道"，有许多学生喜爱一门课，其原因是喜欢教这门课的教师。今天的教育中缺少了一种重要的力量，那便是爱的力量。如何进行爱的教育，如何读懂一个学生真正的内心呢？用爱去了解学生，一个关爱的眼神，一句亲切的问候，一个温馨的微笑，都会给学生带来精神的愉悦，心与心之间的距离也就变成咫尺之遥。

1. 眼神的交流

眼睛是心灵的窗户，眼神则会展示这扇窗子里面的全部内容。

有的教师，总是用挑剔的眼光看孩子，总觉得这届的学生不如上届的学生好，总唠叨学生这不行那不行，其结果就真的不行了。

有的教师则善于运用爱的眼神：一个理解的眼神，就可以让没有自信的学生找回自我；一个鼓励的眼神，就可以让拙于回答问题的学生大胆地举起手来；就可以让一个退缩不前的学生勇往直前；一个赞扬的眼神，就可以让学生体会到被教师肯定的快乐，激励着他们向着那无限顶峰不断前进。

有这样一个故事：

93岁高龄的日本小儿科医生内藤寿七郎先生，也是一位著名的教育家。爱哭闹的孩子只要一见到内藤先生就会停止哭泣。

有一天，一位妈妈带着2岁男孩前来找内藤先生看病。妈妈说，一升装的牛奶，这孩子一口气就能喝光。因为喝牛奶超量患了牛奶癣，皮肤刺痒睡不着觉，举止焦躁不安。

内藤先生不慌不忙地将白大褂脱下，然后跪在那个男孩面前，看着对方的眼睛。

"你喜欢喝牛奶吗？"内藤先生温和地问道。男孩点点头。

内藤先生仍然目不转睛地看着他说："如果不让你喝你特别喜欢喝的牛奶，你能忍得住吗？"

男孩显出一副烦躁和不满的神色，并且把脸扭向一边。

内藤先生并不气馁。他跟着转到孩子面前蹲下身子说："你可以不喝牛奶的，是吗？"不管男孩怎样不耐烦，拒绝回答，内藤先生的目光一直充满着信赖，口气也十分诚恳。终于，男孩轻轻地点了点头。

奇迹发生了。男孩回家后不喝牛奶了，湿疹症状很快消失。一年半以后，他的母亲认为可以少喝点儿牛奶了，可男孩说："大夫说能喝我才喝。"母亲只好请内藤先生来帮忙。

这一次，内藤先生仍然是看着男孩的眼睛，微笑着说："你现在可以放心地喝牛奶了。"从那天起，男孩真的又开始喝牛奶了。

内藤先生通过这件事总结出：哪怕是才2岁的孩子，只要他明白了道理，就能控制自己。于是，他提出了一个响亮的口号："爱的目光足够吗？"这个口号提出至今已经半个多世纪了，现在听起来仍然觉得十分亲切。因为，今天的孩子依然渴望爱的目光！

作为学生，更加渴望教师那充满理解、关爱、鼓励的目光。因为学生可以从中感到教师的理解、关心、鼓励，同时也体会到了被教师尊重的感觉。只有这样，学生才会勇于表现自我，展示自己内心的真实想法。

2. 爱的微笑

微笑乃是具有多重意义的语言，无声的笑可以胜过有声的语言。笑，是爱的体现。曾经听到过这样一个关于微笑的故事：

有一位单身女子刚搬了家，她发现隔壁住了一户穷人家，一个寡妇与两个小孩子。有天晚上，那一带忽然停了电，那位女子只好自己点起了蜡烛；没一会儿，忽然听到有人敲门。

原来是隔壁邻居的小孩子，只见他紧张地问："阿姨，请问你家有蜡烛吗？"女子心想："他们家竟穷到连蜡烛都没有吗？千万别借他们，免得被他们依赖了！"于是，对孩子吼了一声说："没有！"

正当她准备关上门时，那穷小孩展开关爱的笑容说："我就知道你家一定没有！"说完，竟从怀里拿出两根蜡烛，说："妈妈和我怕你一个人住又没有蜡烛，所以我带两根来送你。"这时女子自责、感动得热泪盈眶，将那小孩子紧紧地拥在怀里。

孩子天真善良的微笑往往容易感动成人。同样，成人的微笑也会给孩子带来快乐。微笑是一种无声的语言，它带给人的作用往往是相互的，微笑能把好心情传染给每一个人。

对于学生来说，教师的微笑往往在他们的求学生涯中起到很重要的作用。但是，在很多学校的课堂上，很多教师都是绷着脸来上课的。教师的微笑哪儿去了？著名教育专家卢勤女士曾在北京市宣武区的一所学校进行过采访。采访中发现学校中队的日记里就有这样一篇文章：《教师的笑脸哪儿去了》。文章中说，所有的教师都是绷着脸来上课的，只有美术教师笑眯眯的。结果，课堂上有高声讲话的，有借东西的……美术课成了乱哄哄的自由市场。美术教师被

逼无奈只好收起笑脸，也绷着脸来上课了。这叫"给脸不要脸"。但是，大多数情况下，并不是因为学生的无理取闹或者"给脸不要脸"的行为而使教师收起自己的笑容。很多情况下是教师吝啬自己的笑容，或者害怕自己的笑容会失去对学生的威慑力。

微笑是教师获得学生信任的最快途径。曾经有人做过这样一个实验：一个新教师，在刚走上讲台的一段时间内，总是为学生的调皮捣蛋行为头疼。后来有人发现，这个教师在讲课的时候一副不高兴的样子，一整堂课上竟然都没有笑。于是便建议这个教师做一个"微笑者"，在走上的课堂的时候一定要带着愉悦的神情和笑容出现在学生面前。结果，在这堂课上，学生们都很遵守纪律，表现比平常都要好。有很多学生还问教师今天为什么高兴。这给了教师一个重要的信息：教师的微笑很重要。如果一个教师每天都是春风满面、笑容可掬，那这个教师的微笑肯定会牵动很多学生，容易赢得学生的信任，成为学生提问、倾诉、交流的对象，成为一个受学生欢迎的教师。

3. 爱的语言

前苏联著名教育家苏霍姆林斯基说："教育首先是关怀备至的，小心翼翼地触及年轻的心灵。"一名成功的教师，不仅是知识的传播者、课堂的管理者，还应该是学生心灵上的关怀者。目光、笑容都可以带给学生关怀，但是有时候语言更能体现出其不可代替的作用和魅力。爱的语言不仅仅是关怀，更多的是给予学生鼓励和肯定。

有一个教师讲了这样一个故事：

有一次，我乘火车去九江。我睡在中铺，邻床下铺有个大眼睛的女孩在专心地看书。我对她发生了兴趣，用欣赏的目光久久地看着她。女孩敏感地发觉了我的目光，看得更加认真了。我从中铺下来，坐在她身边跟她聊天。说话时，我一直用疼爱的目光注视着她，小女孩竟然把心里话全掏给了我这个不相识的阿姨。从女孩的话中得知，她是个一年级小学生，本来是个小班长，因为收作业太慢，被教师"罢官"了。因此，她感到一肚子的委屈。

第二天早晨，她非要跟我一起去餐车吃早饭不可。她姑姑说："别跟着捣乱了，从来没有一次能把碗里的饭吃光。"

女孩用渴望的目光看着我。我爽快地对她说："好，我请你吃早饭。"

餐桌前，我问她："你能吃多少？要吃得光光的，一点儿不剩才行！"女孩想了想："半碗粥，半个鸡蛋。"

"好。"我用信用的目光给予她肯定，给她半碗粥，半个煮鸡蛋。然后埋头吃起自己的饭来。

开始，女孩吃得很好，不一会儿就玩了起来。她的姑姑在旁边开始数落她："我早就说过，你不会好好吃的。"

"她会吃干净的！"我微笑着对她姑姑说，又给女孩使了一个眼色。女孩什么都没有再说，把碗里的粥全喝了。看见我的眼睛里流露出惊奇，她竟然用小舌头把碗舔得一干二净。

"真了不起，说到做到！"我向她伸出大拇指，"以后我们吃多少，盛多少，再也不会剩饭了，对吧？""对！"女孩高兴地答应。

几句肯定的话，竟然使这个7岁女孩一下子把我看成她可信赖的朋友！其实，这其中透露着很重要的信息是：我相信你！

假如你的学生上课变得烦躁不安，你可以想一想，是不是在跟学生对话时说了什么影响学生情绪的话？假如你的学生变得孤独寡言，你是不是扪心自问，我今天有没有鼓励他？有时，教师一句亲切的问候会使学生兴奋不已。有的学生因为教师上课批评了他一句便会认为教师不喜欢他，使他感到很伤心。

每一个学生都是需要肯定和鼓励的。不要吝啬你的语言，用爱的语言感染每一个学生吧。

先生之风
山高水长

关注也是爱

教师感悟

不可否认，我们成人和社会对孩子的心灵的关注太少了，我们只注重让孩子去赢得一个辉煌的结果，却忽略了过程，忽视了孩子心里的感受。我们在孩子的心灵深处倾倒了许多，日久天长已经堆积如小山状……当务之急就是我们所有教育工作者都应怀着满眼春色之心，在每颗孩子的心灵深处播下种子，长出绚烂的花朵，迅速清除孩子们心灵里已积下的"垃圾"。

——赵德载《教育文摘周报》

关爱学生是师生情感融洽的前提。只有真心爱学生，才能教育好学生。老师要尊重学生的自尊心和人格，关注学生的身体、学习和生活。使其身心健康、全面发展。教师要爱所有的学生，爱学生的全体，那种只爱"优秀生"，不爱"差生"的偏爱，不是真正的爱学生。教师要把自己的温暖和感情倾注到每一个学生的身上。通过真情的流露拉近老师与学生的距离，滋润学生的心田，走进学生的心灵。

在实际的教育活动中，不少老师把这一教育过程简单化了，以为在学生生活上嘘寒问暖，学习上语重心长地提几点要求就是进行了情感教育。实际上，这只是一种浅层次的理解，这种方式对认知能力和独立思维能力尚未完全觉醒的低年级学生往往能起到比较好的作用。但随着年龄的增长，较高年级的学生生理发育开始日趋成熟，心理上也呈现出新的特点：发现了"新的自我"，明

91

显地感到"我"是大人了，并由此产生了强烈的民主、平等要求，在人生的追求中强化了自主管理和个人观念，产生对现实的不满情绪。这些生理心理特点要求教育者必须时刻关注学生的内心世界，准确把握学生的心理健康状况，进行因势利导，有的放矢地教育，才能取得事半功倍的效果。正如古人所云："知其心，然后能救其失也。"

现代教育，要求每位教师要积极创造条件，主动亲近学生，细心体察、全面深入地了解学生的内心世界，为学生摆脱烦恼、化解困惑出谋划策，要成为学生的好朋友、贴心人。

只要你对学生付出真情，奉献真爱，学生就会回报你、尊敬你、爱戴你，乐于接受你的教育，这样的教育才能做到"随风潜入夜，润物细无声"。

我清楚地记得来实验学校参加工作的那一年，我接手一个新班。听原班主任介绍，这班孩子性格活泼，讲义气，集体荣誉感很强，成绩在整个年级中排名中等，但是，也有几个特殊学生让人头疼，难以转变。

开学不久，有一次，我叫科代表把作业本发下去，科代表又把作业本分派给几个组长帮助发。组长按照惯例有秩序地开始给同学们分发作业本。作业本很快发完了，我刚准备给同学们布置作业。忽然，班上的陈悦站起来说："老师，我没有作业本。"我说："刚才发作业本，怎么会没有你的呢？"刚一说完，一个同学说话了："老师，她的作业本掉在地上了。"我让她捡起来，然后开始布置作业。

过了两天，又到做作业的时候了，没想到同样的事情又发生了。我没多想什么，认为发作业本时掉在地上是常有的事。可是，后来每次发作业，都是她的作业本掉在地上，我感到事情没那么简单。于是，下课后，我找来陈悦调查这件事。果然如我所料。从陈悦口中得知作业本确实是班上的同学故意扔在地上的。

"怎么会发生这样的事呢？"陈悦委屈地说："我也不知道，每次发作业本都是这样，其他作业也是一样。"看来要好好调查一番。

我找来班上的小干部，一一进行询问，经过深入调查了解，事情还得从陈悦这个孩子说起。陈悦是个比较活泼的小女孩，平时表现一般，有时做事比较拖拉，养成习惯比较差，据说以前经常被老师批评。特别是在四年级的时候，有一次偷了老师的iPad，被同学们知道后，大家就开始瞧不起她，甚至讨厌她。这种情况一直持续到现在，班上的同学，特别是男生见到她都像见到瘟神一样躲得远远的，甚至她的东西他们都不会碰一下。后来就出现了丢作业本事件。

这样下去怎么行？一定要想个办法来解决。不然，陈悦的自尊心会受到多大的伤害，整个班级的孩子也将因为这件事情受到影响。在班主任工作中，要注重培养健康、正确的集体舆论，重视优良班风的形成。

事不宜迟，我马上想到了班上的女生，这件事情应该先从她们开始。为此，我专门召开了女生会议，没想到女生的反应比我想象中的好多了，她们其实是从心里同情陈悦的遭遇。有了老师的支持，她们纷纷表示要尽力帮助陈悦。班上开始见到女同学和陈悦一起读书、学习，下课一起游戏。班上的男生也开始有所察觉。我又找来班上威信比较高的班长，让他来带领班干部转变这种不良风气。一次班会课上我专门开了"学会宽容，尊重他人"的主题班会，会前我让陈悦给班上同学写了一封信。信中写出了陈悦的感受和期望，我对这封信做了精心指导。班会课上，陈悦动情地给大家读了自己写的信，读着读着，她禁不住大哭起来。我分明看到部分同学脸上不太自然的表情。后来，我又针对班上的一些问题给同学们上了一节生动的心理辅导课，在我的引导下，在几位班干部的发言后，曾经轻视过陈悦的男生竟然上台给陈悦诚恳地道歉了。

不经历风雨，怎么见彩虹。班会课后同学们的思想行为有了很大转变，班上同学之间的关系也越来越融洽了。

学生在学校最重要的是教师的关爱，为了孩子们能在阳光下健康成长，为了学生一生不留下任何心理障碍，作为一名教师，应该尽自己一份爱心，去关注每一个孩子的成长。

著名教育家叶圣陶先生说："无论是聪明的、愚蠢的、干净的、肮脏的，我们都应该称他们为小朋友。我要做学生的朋友，我要学生做我的朋友。"教师就是要把学生当做朋友一样对待，尊重学生的个性与人格尊严，多给学生一份关爱，多给学生一份温暖，真正让学生感受到你的关注。

那么，怎样才能让学生感受到你的爱呢？

1. 多与学生打招呼

平时遇到学生向你问好时，不妨亲切地向他点头微笑，关切地叫学生的名字，嘘寒问暖。这样做会让学生觉得老师平易近人，和蔼可亲，能拉近师生间的距离。如果你面无表情、爱理不理，这样久而久之，学生就会连跟你打招呼都省略了。

2. 关心学生的冷暖

上课或课间多观察学生，发现异常，及时关心。如课堂上发现学生表情异常，应该满怀爱怜地走过去，问他哪儿不舒服，是不是肚疼、头痛？要不要上厕所、喝点水或联系家长等。让学生感受到老师如慈母般的关怀。

3. 与学生平等交流

不要等学生发生问题才把他抓来"训话"，这样已经是"亡羊补牢"。教师可以利用一切机会，在日常跟学生拉家常，交流思想，既能及时发现问题、疏导学生，又能了解学生的情况，因材施教。交流时要以平等为原则，待生如友，学生才乐于向你倾诉。

4. 与家长多沟通

经常家访或利用电话跟家长交流，了解并反映学生的思想、学习、生活情况，让家长体会到老师对其子女的关心，从而配合老师，做好子女的教育工作。切忌一见家长就告状，那样会引起学生和家长的反感。

5. 鼓励学生的优点

对学生不能说消极的话，而应不断地用爱心、细心、耐心去发现学生身上的闪光点，用各种机会表达、流露对每一个学生的信任和期待，用爱去激励和发掘学生的潜能。

6. 表扬学生的进步

老师要善于捕捉学生思想、学习上的进步，适时地给予表扬。如学生书写有进步，可以在作业本上写评语表扬他，或在课堂上直接点名表扬，让学生感受到"被肯定"的喜悦。

7. 多进行正面教育

对学生的缺点、错误要通过认真地调查了解，确认缺点、错误存在再跟学生谈话。谈话时要坚持正面教育，做到语调平和，态度和蔼，循循善诱，注意倾听学生对自己的缺点、错误的认识，指导他如何改正，切不要说出伤害学生自尊心的话。即使在教育过程中偶有过激行为，过后也要另找时间与学生交谈，并向他道歉，让他体会到老师对他改正缺点的满怀期望及对他人格的尊重。

8. 多辅导后进生

根据实际需要，教师要对学生进行个别辅导。特别对差生的辅导，更应耐心细致，想尽办法。当学生体验到成功的喜悦时，他们便会感谢老师的培养，体会到老师那无私的爱。

人与人之间的关系是相互的。只有让学生感受到你的爱，他才会理解、信任、接受你，才会尊敬、爱戴你，才会受你感染，听从你的教育。

让你的爱没有遗忘的角落

教师感悟

智慧的师爱应该用智慧启迪智慧、用情感陶冶情感、用思想影响思想、用人格塑造人格。智慧的师爱就像一缕春风，一夜春雨，能在"润物细无声"中教育人、唤醒人、打动人，从而收获一种"心灵的对话，情感的沟通，思想的碰撞"的互动。

——陈就芬 载《师道》

高尔基说过："谁爱孩子，孩子就爱他，只有爱孩子的人才可以教育孩子。"作为一名教师，对学生要有爱心，要像爱自己的孩子一样去关心、爱护每一个学生。因为只有爱，才能使学生感到温暖，才能使学生消除戒备心理，才能使师生之间没有隔阂，情感更为融洽；因为只有爱，才能消除学生压抑的心理，才能为充分发挥学生的潜能，创造良好的心理环境。

然而，在课堂教学中教师往往不是平等地对待每一个学生。优等生受表扬鼓励的多，参与课堂训练的机会多；差生受训斥的多，参与课堂训练的机会却很少，甚至有的受到体罚和变相体罚。这种人格上的不平等，抑制了学生个性发展，挫伤了绝大部分学生的学习主动性和积极性。

真诚的师爱是深入学生心灵的途径，是开启学生心灵之门的金钥匙，是激发学生上进、努力的催化剂。爱是信任；爱是尊重；爱是鞭策；爱本身就是一种能触及灵魂深处的教育过程，学生更需要教师家长般的关爱。

教师不但要爱学生，而且，对学生的爱应该是平等的，也就是把爱给每一位学生，对全体学生都公正平等、一视同仁，从而取得学生的信任。一位教育家说过："教育的全部奥秘，就在于使受教育者对自己充满信心，对前途充满希望。"教师是"人类灵魂的工程师"，那么学生就是工程师所需的原材料，没有原材料，工程就不能进展。只要教育充满爱，教师对后进生的关心爱护，就可转化为他们内心自我肯定、积极向上的力量，使他对未来充满希望，从而使之转化为好学生。

教师对学生的爱应是纯洁的、公正的，不能有半点的虚情假意和矫揉造作，特别是对那些后进生，教师更应该多关心他们，努力发现他们身上的闪光点，创造一些表扬他们的机会，多给他们一些温暖，或许一个鼓励的眼神、一句温暖的话语就能激起他们的信心，成为他们前进的起点。能公正地爱每一个学生是教师心灵美的表现，是具有良好的师德修养的表现，在教师的眼里，每一个学生都是平等的，没有高低贵贱之分，教师对所有的学生应一视同仁，要让每一个学生都沐浴在师爱的阳光之下。

有一个叫锋的学生，因父母长期不和，他无人管教，性格怪僻，喜怒无常，经常打架，在课堂上闹，不服老师管教。

那一年暑假，家属区就议论开了：津南村有个淘气的学生，该读初一了，哪个班主任摊上就倒霉了。我怀着一份好奇心，到处打听这个学生到底是谁，名气这么大。开学的前一天，我看见操场上有几个男孩在踢足球，真有个男孩像人们所说的锋。因为在这之前，我就拿到我班所有学生的档案，他这么出名，当然他的照片我要多留神了。于是我走过去打听，果然是他。

我说："你知道吗？我是你的班主任。"他说："听说了。"接着我又说："以前的一切都忘掉，从现在起，你是一个新生，一切都以新的面貌开始，你除了喜欢踢足球，还喜欢别的体育项目吗？"他回答道："还喜欢短跑，曾经在校运会上获得过第三名。""那么就当体育委员吧，再组织一个小足球队，我负责给你们联系比赛。"这次谈话就这样结束了。

出乎意料的是，就这么两三分钟的谈话，居然对这孩子以后的成长起了巨大的作用。谈话的当天晚上，他这么小的孩子却失眠了，怎么也睡不着。他想：这个老师太好了，这么看重我，一定要好好干出个样来。给那些瞧不起我的人看看。

初一到毕业，三年中我见过他父亲两次，母亲一次也没见着，他从不来开家长会。有一次家访，他父亲说："这个娃儿完了，不可救药，只好让他烂下去。小学时，每次到老师办公室就像斗地主一样，所有老师都在告状。数落这小子，我们当家长的，也没脸面，各种方法都用尽了，用皮带抽，绑起来打，有一次还威胁他，再捣蛋就绑着推下杨公桥，可他仍然屡教不改。"

由于这个孩子倔得很，一下子改好也是办不到的。我始终对他动之以情，晓之以理，尽我的全力，从生活上关爱他。

初一下学期时，他的爸爸突然消失了，成群结队的人到他家里要账，把他妈妈惹烦了，也出去鬼混，只是每月给他买50元钱的饭菜票。他经常一天只吃两顿或一顿饭，而他吃得特别多，那点儿饭菜票根本不够。冬天，毛衣也没有，冻得直哆嗦，我就把他接到我家，在我家吃饭，给他厚衣服过冬，晚上守着他做完作业再让他回家，以此来弥补他失去的母爱。

这孩子的确很争气，从初二开始，成了我最得力的小助手，工作做得有声有色，每次运动会，我无需过问，他一手包干，学生也服他，同事都羡慕我培养了一个这么得力的班干部。

毕业考试，他考上了高中，但由于找不到父亲，母亲拒绝再负担学费，他只好放弃。第三年工厂里招工，我拿了40元钱给他报名参加考试。当时有近100人参加考试，只收10人，他考了第一名。工作后，他坚持自学高中课程，参加成人高考补习班补课，他考上了电大工业管理专业，圆了他的读书梦。现在已在某厂当干部。毕业后他经常抽空看望我，前年得知我要搬家的消息后，他立即找了班上几个同学，连续两个星期下班就来，从头到尾我没有一点儿插手的机会。他们说："覃老师，你要怎样布置，只要开口说一声，一定让你满意。"好多同事都美慕不已，有的甚至对我说："你的这些学生比亲儿子还好！"

就在锋同学这个班，还有几个家庭破裂的学生，与继父继母的关系很不好。这些小孩几乎心理变态，他们总觉得世界上的人都很坏，没有"爱"可寻。

针对这种心理，我经常把他们组织起来，和他们一块儿爬山或到沙坪公园去玩儿。我每次都把几斤面拌成凉面，带上佐料、一个八磅水瓶、一大张塑料布，一边走路一边给他们做工作，教会他们怎样爱自己的亲生父母，正确处理与新家庭成员的关系，多关心同学。我还通过家访，把学生的困惑讲给家长听，并希望家长多给这些孩子一点关爱，协调他们之间的关系。

有一个学生的母亲是农民，继父掌管家庭经济。小学六年时间里他从未参加过需要花钱的集体活动，每次我们班外出春游、秋游，我都主动为他出一半的钱，再号召全班同学多出几角钱，使这个同学很受感动，他改变了以往对班集体漠不关心、对同学冷淡的态度。这些学生都顺利地考上了高中。1996年8月，该班的全体学生在宴宾楼包了4桌酒席，为我操办40岁生日庆典。最远的学生从桂林专程赶回来，觉都没睡，没有回去看父母，直接到我家，那热闹的场面，让酒店里的老板都感动，他也主动来为我敬酒，并对我说："老师真光荣。"饭后，大多数学生告别了，当年最调皮、最让我操心的一个学生专门租了辆小车，陪着我到城里兜了一圈。还有一个调皮生，参军后第一个探亲假，下火车已是深夜了，父母接他时，他却执意要来看望我后再回家。

每当我们说到教育之爱或教师之爱时，往往都用"博爱"一词，好像不这样就不足以"言尽其意"。因为有了爱，我们的教育才变成最"人性化"和最富有"人情味"的事业。而在一切教师之爱中，宽容也许是最必不可少的。为什么？因为学生都是涉世未深的孩子，连成人都难免有错，何况孩子？宽容就是教师从心底里理解、体谅学生的"不完善"，对学生的过错给予谅解。它既是处理师生关系的有效方法，也是允许学生自我认识和自我转变的科学态度。宽容比训斥更能感化学生，更有利于学生接受教育。诚如苏霍姆林斯基说的，有时宽容引起的道德震动，比处罚更强烈。关于这一点，通过帮教"问题学生"，使其重新获得新生，会让人体会最深、最难忘记。

教师与学生建立起很深的感情后，不但使得学生与老师能够进行心与心的交流，还可以培养他们克服困难、积极向上的精神，养成良好的品德、个性等，这样我们的教学会收到事半功倍的效果。

2004 年 9 月我到求实中学初二 (1) 班上第一节物理课。当时，我是这样引出课堂内容的："同学们，当你手捧崭新的物理课本时，请你告诉我你的第一想法是什么？"

由于是新班的第一节课，我一个学生的名字也叫不出。就只好按座位依次提问。答案千奇百怪，如："物理老师长得怎么样？物理讲的是什么？""物理好学吗？""物理有用吗？"对同学的回答我都报以满意的微笑。当轮到最后一排的一位同学时，他的回答是："我拿到物理课本时，我的第一感觉是烦死了，恼死了！因为多一门课，又多了一门作业。"

听到那位同学的回答，我感到非常突然而且有些不知所措，学生则以一种惊异的目光看着我，班里顿时寂静极了，好像预感到老师要大发脾气。面对这突发的事件，我竟没有任何怒气和抱怨地说："请同学们放心，物理作业非常少，只要认真听课甚至可以不写作业，最多半个小时作业，在学校可以写完，不留家庭作业。"

话音刚落，学生一片掌声，班里的气氛顿时轻松下来。当时我的话是情急之下发自内心的肺腑之言，没有带任何感情色彩和成见。课下我了解到那位同学是什么都不学、谁都不愿意接收的留级生。我非常庆幸我当时不了解他的情况，才没有把他当成差生故意捣乱。不知道何种原因，我让这样的一名学生当上了物理课代表，也不知他用什么方法，但总能把该班的物理作业收齐，让我少费很多心思，有时还帮我布置作业，给我帮助不小，其他课基本不学的他，有时还找些物理课外题来做，我记得有一次他的物理成绩在班里还名列前茅呢！

在教学中，我们可以发现把握公正的天平的重要性——不但能激发学生的学习兴趣，而且对学生的品德，个性的发展产生直接而深远的影响。

教师的爱，是应当普遍地给予全体学生的，是应当包含着科学的是非标准的。因此必须充分体现出公正性。这里包括两层含义：一是教师必须公平地、一视同仁地对待所有学生，既不偏袒任何一名学生，也不委屈任何一名学生；二是教师必须公正地、是非分明地看待学生的各种行为，既要实事求是地看到他们的缺点，也要积极热情地赞扬他们的优点。公平和公正，是教师的爱应当具有的普遍性和科学性的集中体现，是使学生对教师感到可亲可敬的必备条件，缺乏公正性的爱，必然会带来各种副作用，不但不能推进教育活动的开展，反而会严重影响教育的效果。

要使教育真正具有公正性，教师就必须具有一颗无私的心，要随时随地注意防止和克服自己认识上的主观性和片面性，认真培养对于学生行为的准确而又敏锐的鉴别力，要敢于面对自己在处理问题时发生的失误，一旦发现就要尽快地、开诚布公地加以纠正。

一个公正的教师，会给予学生充分的自信心，使他们愿意学习、积极主动地学习，不断提高自己的成绩，同时，也会给学生道德心灵上带来极其有益的影响。

师爱是伟大的、神圣的，师爱是人类复杂情感中最高尚的情感，它凝结着教师无私奉献的精神，师爱是超凡脱俗的爱。这种爱没有血缘和亲情，然而这种爱却有一种巨大的力量。

师爱是教师所必须具备的道德素质之一，我们要经过有意识的锻炼才能做到，才能使师爱成为教育学生强有力的手段。

先生之风
山高水长

第五章

好学风

好教风才能形成

你可以叫家长把孩子送进学校，你可以用教鞭把孩子赶进教室，你可以提着嗓门拉住孩子的注意力，你可以瞪着眼睛监视着孩子们的一举一动……但它们远不及通过营造良好的氛围吸引孩子、留住孩子来得高明。

创新教育理念，做智慧型教师

教师感悟

英国著名的科学家戴催曾说："感谢上帝不是一个灵巧的工匠，我那些最宝贵的经历都是失败后得来的。"

在学生的生命里，也许我们老师就是那个引导他命运的工匠，工匠们总是想把自己的作品做得十全十美。

但是，还记得那"断臂的维纳斯"吗？因为有遗憾所以才美。让学生拥有犯错的机会，让他们的成长更得精彩。老师，请别再做灵巧的工匠了。多些观看，多些耐心，适当地点拨，智慧地指引，也许我们和学生的生命都会因此而更加丰富多彩。

——沈丹载《班主任之友》

我们在迎来了日新月异、全球化浪潮迅猛发展时代的同时，社会各界，尤其是教育界也面临着巨大的冲击、挑战和机遇。新形势、新情况、新问题层出不穷，教育的担子重了，时代对教师的要求高了，教学环境变了。那种"一支粉笔一本书"就能当好教师的年月，已经一去不复返。

在这个求新求变的时代里，创新已经成为一个逐渐被世人广为接受的理念。这在教育界尤为重要。教师更要有创新的教育理念。因为创新理念是行为的灵魂，起着统率和突破旧观念的作用。先进的教学理念可以产生积极的教育行为，使教育获得成功；而落后的教育教学观念将导致教育的失败，教师自身职业生涯发展的滞后，更重要的是会影响学生的人生发展。

1. 创新型教师应具备的能力

培养创新理念需要教师具备哪些能力呢？

（1）创新型的骨干教师要善于思考

也就是说要有自己的"思想"。而这种思想的形成就应当建立在学习、理解、批判、质疑、建构和通过消化吸收进而创造的基础上。

教育创新的基础在于教育实施者。要具有发现问题、分析问题、解决问题的能力。亚里士多德说："思维是从疑问和惊奇开始的。"当一个人长期处于无问题的状态，则说明其没有积极思考，没有进取，同时也就没有发展和创新。当他善于思考时，头脑中就会自然而然地涌出许多问题来。

（2）确立自己的发展目标

敢于突破条条框框，树立好自己的目标而不盲从跟风，找到适合自己并有利于自己的职业发展，在具体实践中不断地进行调整，以在不同阶段中找到自己发展的位置，确定不同层次的职业发展目标。这也是创新理念的一种诠释。加强学习与信息交流，尽力解决那种由于信息不对称、判断能力差所带来的弊端，减少盲从行为，理性地看待问题，都有助于培养创新型骨干教师的目标。

（3）创新型教师应该敢于否定自己

以英特尔公司副总裁达维多的名字命名的"达维多定律"认为，一家企业要在市场中总是占据主导地位，那么它就要永远做到第一个开发出新一代产品，第一个淘汰自己的产品。这一定律的基点是着眼于市场开发和利益分割的成效。从教育观点来看，教师想培养创新理念，也要在总结反思的基础上彻底地进行自我否定；把退路封住，才能建立起最佳勇气来寻找新的道路。

1993年美国大选中，竞选者克林顿曾经说过一句话："我们要改变游戏规则。"谋求连任总统的布什说："我有丰富的经验！"最终，布什落败，其中一个重要原因，就是输在"往后看"，而不是"往前看"。

可见向后看，或者原地不动这种思维方式或行为模式对一个人的发展是非常危险的。

法国科学家约翰·法伯曾进行过一个很著名的"毛毛虫实验"。他在一个花盆的边缘放上一些毛毛虫，让它们首尾相接，围成一个圆，同时在离花盆周围 6 英寸的地方撒了一些它们最爱吃的松针。由于这种毛毛虫天生有一种"跟随者"的习性，因此它们一只跟着一只，盲目地跟着前面的毛毛虫，绕着花盆一圈圈地爬行。令法伯感到惊讶的是，这群毛毛虫当天在花盆边缘一直走到精疲力竭才停下来，其间曾稍做休息，但是没吃没喝，连续地走了 10 多个小时。时间慢慢过去了，一天，两天……守纪律的毛毛虫队列丝毫不乱，依然这样没头没脑地兜着圈子。连续几昼夜之后，它们饥饿难当，精疲力竭，一大堆食物就在离它们不到 6 英寸远的地方，结果一个个却饿死了。

毛毛虫的悲剧就在于它们的这种盲目地追随，它们没有自己的目标，不懂得另辟蹊径的道理而随波逐流，从而导致自己悲惨的命运。它们如有一点创新意识，尝试一下不同的路线，就不至于被狼狈地饿死。

2. 如何进行创新教育

教师离不开创新教育理念这堂必修课。创新的对象通常体现在理念、手段、方法上，通过对中小学教育的思考与研究，形成一套独特的教育思想与教育理论。没有研究，就不会对教育有真正的感悟；没有思考，就不会点燃教育创新的火花；没有潜心于教育创新的实践，就不会成为优秀教师。

这种独特的教育思想和教育理论，可以具体到让每个教师都要努力成为学生们学习生活中的支持者、合作者、引导者。

（1）做学生的支持者

　　教师做学生的支持者并不难，只要站在他们的立场上思考，能深入到他们内心就行。凡是在基本立场统一的情况下，都应该从学生的兴趣和需要出发，相信他们身上蕴藏着巨大的潜能，并关注他们的发展需要。

　　最容易导致教师停滞不前的阻碍就是总是自困在眼中的世界里，破除阻碍就应透过学生们眼里的万花筒来看看这个世界，在观看的同时还要努力地理解和支持他们"出格"的想法和做法，支持和鼓励孩子们的求知欲望、勇于探索、勇于实践的精神，让每一个学生的潜能都能获得满足和成功。

　　（2）做学生的合作者

　　传统的教师是学生活动的控制者，学生的大部分学习生活都在教师预先的设计安排和严密的控制之下进行。看似有条不紊，但师生间缺乏有效的交流。所以，想填满师生间的裂痕最好的方法，就是教师能够以伙伴、合作者的身份参与到学生们的活动之中，成为他们中的真正一员，建立一种亦师亦友的关系。

　　（3）做学生的引导者

　　面对科学技术日新月异的加速交替，教师单单只传授知识是远远不够的，引导学生"要学"、"会学"，显然比"要我学"、"学好"更为重要。因此，教师不应该以"百科全书"的权威姿态出现，更要不断激励学生的大胆尝试，放手让学生们独立地活动。世界是新奇的、神秘的，其认知、探索的欲望与范围也是无穷无尽的。如果把学生的探求欲比做洪水的话，教师就要像大禹一样"开渠引流"，而不能像鲧一样"抛填堵截"。

　　在社会急剧变革的今天，我们应该顺应潮流，做一个教育改革的实践者，从否定自己开始，不断地追求卓越，不断地攀登高峰。在基础教育课程改革的实践中，潜心研究，勇于探索。如果我们还死守以往"经验"不思进取，那么肯定是会落伍的。

　　所以，作为一名教师，重要的一点就是要树立起与时俱进的先进的创新教育理念；只有具备了先进的教育理念，才能引领我们做出不凡的成绩。

3. 做智慧型教师

当代世界正进入一个知识和智慧为特征的社会，强烈呼唤智慧型的人才。智慧型人才的培养关键在于智慧型教师养成，成为智慧型教师也就成了时代对广大中小学教师的迫切要求。

新课程改革过后，教育界迎来了更为开放、自由、灵活的教育新风，刮起了阵阵"绿色教育"风潮。所谓"绿色教育"是指：尊重学生个性发展，将学习的主动权还给学生，让教师的讲授更加充满活力，从而使学生享受学习科学文化知识的真正乐趣。

在这个转变更新的过程中，教师同样应该抓住改革大潮的节奏，给教学注入更多弹性灵活的元素；哪怕是之前从未涉及过的教学体验，只要可能有利于教学活动就应该去除保守与顾虑，大胆地、理智地尝试，让自己成为与时俱进的智慧型教师。

教学的智慧可以体现在很多方面。

（1）"无为"教学

老子指出，"圣人处无为之事，行不言之教"，中国传统文化博大精深，并没有因为时代的变迁、环境的改变而减弱它的智慧性。它为我们生活和工作的各个方面提供了精辟的指导，为教学也同样开启了智慧之大门。"无为"教学为何？就是要求教师依教学之理、顺学生之性，消解教师不当的"有为"给教学带来的干扰和阻滞，在教师貌似"无为"中实现师生真正的积极"有为"。

"无为"教学要求教师在教学中不能"越俎代庖"，更不能"包办代替"，而是要通过引导使学生进行自化，从而达到师"无为"而生"自化"的目的。

魏老师语出惊人地说："我已经有１６年多的时间没批改过一篇学生作文了。"作文的批改都是交由学生们自己互相批改。在这样一个"懒老师"的调教下却教出了一批作文水平极高的学生。正是魏老师这种"投机取巧"的"懒惰"培养了学生的作文能力，用别人的缺陷来点醒自己的不足。从易到难的十条批改要求，循序渐进便于操作，学生的积极性比老师还高。就这样，魏老师的"懒"，却"懒"出了过人的胆识、高超的教学智慧。

（2）"灵活式"教育法

有一个发生在美国小学里的小故事：

数学老师正在带学生们研究奇数和奇数之间有什么规律。经过老师的教导，许多孩子都得出了"正确"的结论：两个奇数之和为偶数。

这时，一直沉默着的杰克站了起来："我认为奇数和奇数之和还是奇数。"老师和同学都感到诧异，老师问为什么。杰克回答："1个爸爸和1个妈妈结婚后生下了我，我们家三个人，不仍旧是奇数吗？"老师愣住了，同学们也哄堂大笑起来，笑着笑着就不约而同地跟随着老师鼓起掌来。

这位老师把这件事报告给了校长。校长听了很高兴，在升旗仪式上当着全体师生面对杰克的这种善于思考问题、不怕提出问题的精神给予了表扬。

试想一下，这个"奇数和奇数的规律"的故事，如若是发生在严肃刻板、循规蹈矩的旧时教师身上，又会是什么情况呢？杰克会被严重警告还是直接被轰出课堂？

什么是智慧型教师？智慧型教师就是一定要有看表象、更看本质的职业自觉性。通过一件小事，哪怕是看起来、听起来都有些"荒唐"的小事，而看到、发现、挖掘出被现象所映射出的更深层含义。学生就是一个个的小问号，兜里总是装着无数个为什么，我们不能为了那课堂上的一点点"骚乱"就关闭了孩子们的求知欲望的大门。

（3）"诱导"教学

在对学生的思想活动进行教学中，正确的说理、正面的例子常常也会引起学生的逆反心理。尤其是处于青春期的孩子更是充满了叛逆性，往往会同家长、老师教导的话反方向而行之。这种"反常"、"求异"、"好胜"的心理很大程度上成为学生健康发展的绊脚石。如果教师们不及时加以劝导，孩子们今后的漫漫一生都会付出一定的代价。所以，老师们在面对学生的错误时，应该尽量避免"义正词严"的说教，而要趋利避害的加以"诱导"。

了解学生的情绪变化和掌握事情发展的来龙去脉，是真正能够起到教育作用的基本要素。放大孩子们的闪光点，是成功引导学生思想和激发学生积极向上的有力武器。挖掘出蕴藏宝贵机会的教育时机，才能开发出学生道德品质生成的源头活水。

前苏联著名的教育学家苏霍姆林斯基说过："教育的技巧并不在于能预见到课堂的所有细节，而是在于根据出现问题时的具体情况，巧妙地在学生不知不觉中做出相应的变动。"所以，教师在面对学生的逆反心理时不妨"将错就错"，大胆运用学生的逆向思维，有意识地选取一个错误观点让学生讨论，激发学生的正确价值观，让学生的思维在"逆反""诱导"之中闪现亮点。

（4）"互动"教育

教师的放手不是一味的放纵，放手只是"自主——合作——探索"之中一个环节。其中的技巧在于我们教师能够找到平衡点，让教与学之间散发出真正的持久的活力。

教师与学生的互动是不能忽略的，我们不要一味地教授；有时候，学生们丰富的想象力会难以预料地为老师们带来意想之外的变动。所以，互动能让教师尽可能地了解学生的心理活动，更会让按部就班的教师一个人唱独角戏的台上充满活力，重新拾回已经流失很多的人文气息。教师要做的是，为学生创设能够充分自由生长的情境，而不是用自己预设的目标僵硬地去束缚他们。

山高水长 先生之风

重在反思，与最前沿的教育思想接轨

——孙惠芳 吴奇芬 载《教育文摘周报》

教师感悟

教学重在反思，要学会静下心来不断叩问自己内心深处发出的声音。如果只知重复，一味照搬，接以往的曲子跳舞，教学工作"年年岁岁花相似"，又哪会出现"岁岁年年人不同"的新气象呢？因此反思这一步很重要。思广则能活，思活则能深，思深则能透，思透则能明。反思要有"绝知此事需躬行"的手，要有"留心处处皆学问"的眼，要有"吾日三省吾身"的心，要有"跳出庐山看庐山"的胆。如若在漫长的教学生涯中始终坚持每日反思自省的习惯，那么你会始终保持与最前沿最深刻的教育思想接轨。

　　"反思"一词，据说首次出现于英国哲学家洛克的著作中，他将"心灵内部活动的知觉"，称为"反思"。作为一个日常反思概念，人们容易将"反思"等同于"反省"，在这个意义上，反思就是对自己的思想、心理感受的思考，对自己体验过的东西的理解或描述。

　　在我国，"反省"观念由来已久，孔子提倡"吾日三省乎吾身"，强调士人的内省能力，反省一直是儒家弟子的自我要求，人们一直强调通过反省来促进自身的发展。而最先把反思引进教学过程的是美国哲学家、教育家杜威，他在名著《我们怎样思维》中认为，反思是"对任何信念或假定的知识形式，根据支持它的基础和它趋于达到的进一步结论而进行积极的、坚持不懈的考虑。"

美国心理学家波斯纳提出了教师成长的公式：成长 = 经验 + 反思。相反，如果一个教师仅仅满足于获得经验而不对经验进行深入的思考，那么，即使是有"20 年的教学经验，也许只是一年工作的 20 次重复；除非……善于从经验反思中吸取教益，否则就不可能有什么改进。"他永远只能停留在一个新手型教师的水准上。

作为教师不仅要学会自我反思，还要学会教学反思。教学反思就是教师自觉地把自己的课堂教学实践，作为认识对象而进行全面而深入的冷静思考和总结，从而进入更优化的教学状态，使学生得到更充分的发展，教学反思是一种有益的思维活动和再学习活动。教学反思，是教师通过对其教学活动进行的理性观察与矫正，从而提高其教学能力的活动。

这里所说的反思与通常所说的静坐冥想式的反思不同，它往往不是一个人独处放松和回忆漫想，而是一种需要认真思索乃至极大努力的过程，而且常常需要教师合作进行。另外，反思不单单是教学经验的总结，它是伴随整个教学过程的监视、分析和解决问题的活动。

教学反思的真谛就在于教师要敢于怀疑自己，敢于和善于突破、超越自我，不断地向高层次迈进。你可能在灯光下静夜思，回顾和展望。你可能倚着窗口，遥望星空，夜不能寐。正因为教学反思具有别人不可替代的个性化特征，你就有可能形成个性化的教学模式。多进行教学反思，等于在本来没有窗的墙上开了一排窗，你可以领略到前所未有的另外一面风光。

反思是一种思维活动。反思的目的是为了消除困惑，解决问题，促进实践，增强合理性。经常反思自己的教学过程，有助于调整教学心态，改进教学方法，促使自己从经验型向科研型方向发展，提高自己驾驭课堂教学的能力。

那么，教师在教学中如何进行反思呢？

首先是课后反思。对于每一位教师，当他上完一节课后对这节课后的感受，肯定会比课前备课的感受更为深刻，更能从中体会该课教学的得与失。因此，课后反思自己的备课与课堂教学，记录自己的感受、体会、评价及修订，总结积累教学经验，具有非常重要的意义。

1. 如何从教师角度进行课后反思

（1）反思教学行为是否达到教学目标

新课标要求我们在制定每节课（或活动）的教学目标时，要特别注意培养学生的科学素养即"三个维度"——知识、能力、情感态度与价值观。

现代教学要求摆脱唯知主义的框框，进入认知与情意和谐统一的轨道。因为对学生的可持续发展来讲，能力、情感态度与价值观，其适用性更广，持久性更长。许多知识都随着时间的推移容易遗忘，更何况当今知识更新的速度极快，只要具备获取知识的能力，就可以通过许多渠道获取知识。所以，情感、态度、价值观必须有机地融入课程教学内容中去，并有意识地贯穿于教学过程中，使其成为课程教学内容的血肉，成为教学过程的灵魂。

（2）反思教学过程中是否迸发出"智慧的火花"

教学，不仅仅是一种告诉，更重要的是如何引导学生在情境中去经历、去体验、去感悟、去创造。教学过程中，学生常常会于不经意间产生出"奇思妙想"、生发出创新火花，教师不仅应在课堂上及时将这些细微之处流露出来的信息捕捉、加以重组整合，并借机引发学生开展讨论，给课堂带来一份精彩，给学生带来几分自信。更应利用课后反思去捕捉、提炼，既为教研积累了第一手素材，又可拓宽教师的教学思路，提高教学水平。将其记录下来，可以作为教学的宝贵资料，以资研究和共享。

（3）反思是否创造性地使用了教材

教材，历来被作为课程之本。而在新的课程理念下，教材的首要功能只是作为教与学的一种重要资源，但不是唯一的资源，它不再是完成教学活动的纲领性权威文本，而是以一种参考提示的性质出现，给学生展示多样的学习和丰富多彩的学习参考资料；同时，教师不仅是教材的使用者，也是教材的建设者。因为课程改革中的一些改革理念仍具有实验性质，不是定论，不是新教条，不是不允许质疑的结论，还有待在实践中进一步检验、发展和完善。因此，我们在创造性使用教材的同时，可以在"课后反思"中作为专题内容加以记录，既积累经验又为教材的使用提供建设性的意见，使教师、教材和学生成为课程中和谐的统一体。

当然，反思并不只是单方面注重反思教师的教学行为，应该是教师教学和学生学习双方面的，既有对教师自己教学方面的反思，也应该有对学生学习情况方面的反思。教师在反思自己的同时，还要对学生学习情况进行调查，取得一些重要信息，从而使教师的教学真正贴近学生现状，从学生实际出发，遵循着学生的认识规律，让学生真正成为学习的主体，教师成为学习的组织者和引导者，这才有利于教师反思的全面性。教师还要看学生获得知识的过程中是否积极地主动地投入，在原有基础上是否能有很大的进步与发展。在课堂中致力面向全体同学的同时,教师还要注意因材施教采取不同的措施让"优等生""吃饱、吃好"，让后进生"吃得进"这样才能学有所思，各得其所。

2. 从学生角度的课后反思

（1）反思教学过程是否适应学生的个性差异

学生的个性差异是客观存在的。成功的教育制度，成功的教育者，必须根据学生的个性特长禀赋优点，因材施教，因人施教，因类施教，充分发挥学

115

生的个性特长，让性格各异的学生争奇斗艳，各领风骚，让每一个学生都有施展才能的天地与机会。换言之，成功的课堂教学，应让基础好的学生"吃得饱"、跑得快，让中等生"吃得好"、跑得动，让学困生"吃得了"、不掉队。因此，无论是情境的创设还是内容的呈现，无论是问题的设置，还是释疑解惑，均应"为了一切学生"，多层次、多维度、多渠道地开展教育活动。因为教育的最大使命就是尊重学生的个性差异，尽可能地创设条件发展学生的思维能力，培养学生的思维品质，促进全体学生的发展。

（2）反思教学过程是否存在着"内伤"

要反思自己是否在刻意追求所谓的"好课"标准：教学环节中的"龙头"、"豹肚"、"凤尾"个个精雕细琢，教学手段中的"电媒"、"声媒"、"光媒"一个不能少；学生讨论热热闹闹，回答问题对答如流。这种"好课"似乎无懈可击，但有没有给学生思考的空间？小组合作学习有没有流于形式？讨论是否富有成效？"满堂灌"是否有越组代庖之嫌？有没有关注学生情感、态度、价值的变化？学生的创造性何在？对这些"内伤"必须认真回顾、仔细梳理、深刻反思、无情剖析，并对症下药，才能找出改进策略。

（3）反思教学过程是否存在"伪探究"

有的探究性学习只表现在问题的探究上，只要教师抛出一个问题，几个学生立即围成一团分组讨论，也不管小组成员的组合是否合理，问题的价值是否有讨论的必要；待几分钟后，教师一声击掌，学生的讨论戛然而止；再由小组中的"老面孔"——优等生发言。至于其他学生，尤其是学习有困难的学生，在讨论时是否真正心到神到力到？是否真正学会了应该学会的方法、技能、知识就不得而知。这种"神散形未散"的"伪探究"掩盖了个性之间的差异，甚至会剥夺部分学生的独立思考、质疑、发言的权利。那么到底解决了多少"疑难病症"？又有多少学生真正参与、体验了学习的快乐、获得心智的发展呢？

在实施新课程的今天，每一位优秀教师都会经历一个反思和创造的过程，我们要乐于反思，勤于反思。教师在教学中，不断反思总结自己成功的经验和失败的教训，找到自己与他人、与工作目标的差距，寻求缩短差距或解决问题的有效方法，才能在新课程的教育教学活动中驾轻就熟，游刃有余，才能实现自我激励、自我完善、自我创新和自我发展的目标。

教学需要不断地反思才能找出教学过程中的闪光处加以润色，挖出教学过程中的不足之处加以改正并引以为戒，如此，课才可以越上越好，教学水平才会越来越得到提高，人在反思的过程中才会不断取得进步。

很多教师都会有这样的经历：每次上完一节课下来，总是在后悔。后悔单词没教好，后悔课文没讲透，后悔习题出得不够有针对性，后悔总结不够简练，后悔练习不到位等等。每一节课总觉得有许多不尽如人意之处，要改正的地方很多很多。然后自我反思，心里暗暗总结，希望下次可以不犯同样的错误。很多教师都是自我反思中不断进步，并取得一定教学成果的。

我们来看一位教师的做法：

今天，我上了《我是什么》这一课。教完这节课之后，我反思了整个教学过程。我觉得就这堂课的教学目的来说，我的理解是：它首先是课程改革纲要中所指出的"促进学科之间的融合"。

课文内容既是语文课，又是常识课，既是课堂上的书本教学，又是贴近生活的环保教育、节水教育。在教学形式上，教师只居于主导和启发的地位，师生之间，同学之间有了更多的交流。而在教学手段的运用上，既有声，又有画，既有课文，又有谜语，听觉和视觉的交错冲击，适合儿童情趣的方法反复运用，是学生们对"水"的概念，领会得十分深刻。智育之外，由对"水"的概念引申到大自然的概念，热爱自然，也同步进行了启蒙式的德育。有些地方，

117

对低年级的学生来说，也过于深奥，但教学实践证明：只要能做到深入浅出，概念清晰，言语得当，就一定能收到预期的效果。

课文以"我"的叙述方式，生动形象地介绍自然界中水的不同形态和水与人的密切关系。文中不点明"我"就是水，更增添了趣味性。

在教学时，我以谜语的形式导入："好吃没滋味，脏了不能洗，掉在地面上，再也拿不起。"导入形式简洁、有趣，一下子就把学生的注意力调动起来了。充分让学生自读课文后，又抛出一个问题："我"会变成什么？学生们纷纷抢着回答。

其中，有的学生回答："我"会变成气、云；有的学生回答："我"会变成雨、雹子；还有的学生回答："我"会变成露珠、霜。面对学生们的回答，我及时表扬：你们知道的真多！根据声画同步的教学方法，我很快将水的不同形态以简笔画的形式展示在黑板上，使学生感到亲切、有趣、一目了然，课堂气氛更加活跃。

我不失时机地追问："如果你是它，你最想变成什么呢？为什么？从文章中找出相关的句子，并与同组的同学读一读，说一说。"于是，教室里一片热闹的场面。他们有的在小组长的带领下有情感地朗读；有的绘声绘色地表演起来……他们的答案五花八门：有的说愿意变成云，因为云在不同时间能穿上不同的衣服，特别奇妙！于是，我及时引导：那你们知道云是怎么形成的吗？配合形象直观的课件，使学生们对云的形成过程有了清晰的认识。也有的同学说想变成雪，因为下雪能够净化空气，景色很美。我就鼓励他们练习有感情地朗读。还有的学生说愿意变成雨，我又问："那你知道雨是怎么来的吗？"有个学生说："我想是云和冷风打架打输了，哭了，所以就下雨了吧。"这样的答案，在教学改革中极富典型意义，又极富挑战性。因为，从自然科学的角度而言，这样的答案只能说幼稚甚至是荒谬，但从文学角度而言，这样的答案又充满了想象力，甚至于，这种想象力还不限于文学，它又能回到科学的灵感的火花上来。曾经不止一位科学史上的巨匠说过："正是想象力，才是科学发明的原动力。"所以它的挑战性就表现在这里：既要对学生指出他们在科学角度答案中的错误，还要对他们答案中丰富的想象力给予肯定。学生们的想法丰富多彩，还恰恰说明了他们对生活中自然现象的认真观察。这里面，就有了教师本人全面专业素质的问题：要懂一点自然科学知识（至少是课文内容所涉及的），还要懂一点文学，要懂一点心理学，更要懂得遇到类似情况时，如何破解难题。

可以说整堂课下来，达到了预期的教学目的。

由此可见，教师只有不断地总结，才会取得不断的进步啊。

所以在反思里不断有批判，有检讨。有教师说：有后悔，才有进步。就好比一位画家，他总要不断地反复地练习、临摹，到创作，呕一生的心血于创作中才描出闻名于世的佳作。教学又何尝不是如此呢。教学本身也是一门艺术，需要我们用心用情用一生去经营。

启发式教学，引导学生积极参与

　　"启发式"教学是指教师在教学过程中根据教学任务和学习的客观规律，从学生的实际出发，采用多种方式，以启发学生的思维为核心，调动学生的学习主动性和积极性，促使他们生动活泼地学习的一种教学指导思想。它的基本要求是，调动学生的主动性，启发学生独立思考，发展学生的逻辑思维能力，让学生动手，培养独立解决问题的能力。启发式是一种循循善诱的教学方法，是中国两千年以来最受学子们欢迎的一种教学方法。

　　教师在教学工作中依据学习过程的客观规律，引导学生主动、积极、自觉地掌握知识的教学方法。启发式教学的实质在于正确处理教与学的相互关系，它反映了教学的客观规律。随着现代科学技术的进步和教学经验的积累，启发式教学将不断得到丰富和发展。目前，一些国家教学法改革中的许多创造和见解，都是同启发式教学的要求相关联的。

启发式教学不是一种固定的、封闭的模式，而是一种开放的、不断吸收新的教学经验，不断充实和发展的教学指导思想，它与传统的灌输式教学模式大相径庭。

启发式教学在很大程度上就是老师充分调动学生学习的需要、兴趣、动机，培养学生良好的学习习惯，锻炼学生思考的能力，提高学生的智力水平。

江阴市知名教师——要塞实验小学杨建国先生在上《圆的认识》一课时，为了激发学生学习的思考力，大量地运用了启发式教学方法。

杨建国的开场白是："同学们，你们见到的车轮都是什么形状的？"

学生们齐答："圆形的。"

"为什么车轮是圆形的呢7"杨建国微笑着问。

这个问题真够新鲜的，学生们的好奇心一下子就被激发了出来。

学生们互相议论着，争辩着："老师，如果车轮不是圆形的。那就有可能走不快。""车轮不是圆形的，是正方形或是三角形的就会走起来上下颠簸不停的，车子就会走不稳的。"

杨建国继续问："圆形车轮为什么会转得很稳呢？"

学生们面面相觑。对他们来讲，这个问题确实有些难。

杨建国抓住这个机会，引导他们自己去寻找答案："你们能不能根据实际的车轮想一想它的奥秘呢？"

听到老师的话，学生们马上动起手来。有的拿起小车轮左右观察，用尺子和手比划着、思考着，有的拿着绳或尺子量起来，有的则在翻课本，企图从

121

教材中找到答案。

杨建国没有打扰孩子们的思维，而是给时间让他们自由思考。

当杨建国看到陈明正在用一根小棍当尺子去测量车轮的辐条时，他的心里甭提有多高兴。

要知道，这个平时学习较差的学生，此时竟能想出这么聪明的办法来认识车轮，而这种方法正是寻找正确答案的捷径。

"陈明，你真聪明！"杨建国趁此机会鼓励道。

一句真诚的夸奖，给了这个调皮鬼无穷的力量！陈明立即站起来大声地道："老师，我发现辐条的长度都是一样的。"

"为什么是一样长的呢？"杨建国继续问道。

陈明愣住了。

此时，其他学生纷纷举起了手。

"车轴与轮子的距离相等，就保证了车与地面的距离始终不变，所以车子行走时就稳了。"这是优等生刘子秀的声音。

于是，杨建国就顺利地引出主题："正像你们所说的那样，每根辐条的长度是一样的，即轴与轮子上的距离相等，才能使轮子转动起来始终和地面保持相等的距离。那么，轴到轮子上的距离又是圆的什么呢？圆还有哪些特性呢？这也就是我们这节课学习的内容——圆的认识。"

依照通用规则，杨建国在实际的课堂教学中完全可以把"圆的认识"直截了当地讲解为："直径等于半径的 2 倍；圆周长为 2π 乘以半径。"再把固定公式直接讲述给大家，然后演示一下实例即可。如此一来，杨建国可以省却很多工夫，学生只需死死记住公式也就可以了。但是，他们未必能从这个毫无感觉的公式中受到些许启发，更不能了解圆的其他规律。因为老师根本就没有给予学生们在课堂上思考的时间，而学生们课后也容易因忙于应试学习而彻头彻尾地忘记将知识落实到实践中。

启发式教学的方法，不但能启发学生的思维，而且可以活跃课堂气氛，让乏味的课堂变得生机勃勃，使学生变被动为主动，最大限度地发挥学生的积极性。

我们可以发现，杨建国老师在上述案例中多次使用了提问式的教学方法。课堂提问是课堂教学步骤中的一个不可缺少的环节，它在课堂气氛的创造上也有着突出的作用。

有经验的教师在教学过程中常常以精心设计的提问启迪学生的思维，激发他们的求知欲，促使他们积极参与学习，帮助他们理解和掌握知识，为学生发现、解决疑难问题提供桥梁和阶梯，引导他们一步步打开知识的大门。

课堂提问是一项设置疑问、激发兴趣、引起思考的综合性教学艺术，它不但是教师素质的体现，还是教师教学观念的流露。下面是王冬英老师和刘宝丽老师教《小狮子爱尔莎》这一课时的教学片断，从中我们不难看出，课堂提问和把握课堂提问时机的重要性。

在第一次教《小狮子爱尔莎》一课的课堂上，王冬英老师以观看狮子独立捕食的录像导入，然后问学生："看了录像，你想用哪几个词或哪句话来说一说狮子？""狮子给你留下了怎样的印象？"在学生读通读顺课文之后，教师提问："录像中的狮子是凶猛的，可爱尔莎在'我'的眼中是什么样的呢？它有什么特点呢？"学生围绕教师提问默读课文，有的边读边想，有的边读边划，在充分思考之后，学生争先恐后地谈起自己的看法来。当学生谈到"……它好像听懂了我的话，撒娇似的吮着我的大拇指，用头舔着我的膝盖，鼻子里发出轻轻的哼声"时，王老师问："你平时是怎样在父母面前撒娇的？"一个学生回答："我让爸爸给我买东西，而爸爸不答应时，我会拉着爸爸的手，边甩边说'爸爸，我要嘛，我要嘛'。"同学们都笑了起来，老师因势引导学生有感情朗读课文，一时间，教室里书声朗朗。

在第二次教这篇课文时，王冬英老师对教学环节和流程作了较大改动，给学生更多的时间朗读课文。在初读感知的环节里，教师要求学生读准字音，划出难读或喜欢的句子，多读几遍。有这样一段对话。

老师：谁愿意把想读的句子读给大家听？

学生：我喜欢这一句，"它那蒙着蓝薄膜的小眼睛睁开了，那水汪汪的眼珠滴溜溜地转"。

老师：同样喜欢这一句的同学再来读一读。（学生2读了该句）

老师：比较两位同学读的，你发现了什么？

学生3：我发现学生2读得更有感情一些，他读出了小狮子的可爱。

老师：是这样的，请同学们再来读读这一句。

老师：还有哪些同学有其他的句子想读一读？

学生4：我觉得这一句很难懂，"我用鞭子着(zhe)实教训了他一顿"，这一句中的"着(zhe)实"读起来很别扭，而且我也不知道这个词是什么意思。

学生5：这个词读"着(zhao)实"。

老师：是的。还有没有其他难读的句子？

可见，王老师把握住每一个提问的机会，使学生尽可能参与课堂讨论。并且设置的问题目标明确，牵一发而动全身，抓住了文章的关键，有效地引导学生分析、理解课文，体会文章的情感。

在刘宝丽老师第一次执教《小狮子爱尔莎》的课堂上，学生围绕刘老师提出的中心问题"爱尔莎是一只怎样的狮子呢？"分析理解课文。

读到爱尔莎"洗澡"一段"它看我蹲在河边，故意扑腾起浪花，还用前爪轻轻地把我扑倒在地上，十分高兴地和我开玩笑"时，刘老师问："看到这种情景，你觉得他们像什么呢？"学生的回答五花八门，"像朋友"、"像母子"、"像伙伴"、"像亲戚"，甚至词不达意地说"像子女"。

接着学生往后分析到"换牙"段，"爱尔莎开始换牙的时候，像孩子一样张开嘴给我看。我轻轻地摇动它快要脱落的乳牙，它闭着眼睛，一动也不动"。刘老师又发问："此情此景，他们像一对什么？"学生答："像母子。"

刘老师前后几次提出"他们像一对什么"的问题，使课文分析或学生情感体验有迂回现象，也由于这个问题在"洗澡段"出现不够恰当，导致分析效果欠佳。

第二次执教时，刘老师以"你喂养过小动物吗？你给它取过名字吗？"导入新课，三位学生分别做了回答，喂过小兔子、小鸭、小狗，学生有的聆听，有的偷笑，气氛轻松活跃。

在分析到爱尔莎抓伤驴子的内容时，刘老师问：主人是怎么训斥狮子的呢？

生1：边挥鞭子边说，"我叫你欺负人。我叫你欺负人！"

生2：爱尔莎呀，它可是我们的好伙伴，你伤害了他们，谁给我们驮行李呢？以后可不许这样了哟！

在分析作者要把爱尔莎送回大自然，二者难舍难分时，刘老师问："三年来，他们已经情同母子了，可是为什么又面临这种分别呢？"学生答："爱尔莎是野生动物，大自然才是它的家"，"作者越是爱爱尔莎，就越是应该把它送回大自然"。

小学生的思维没有主动性，必须通过一定的手段，才能激发学生的积极思维，而课堂提问是教学中反馈学生掌握情况的最常用手段，它是一种教学方法，也是一门艺术。

王冬英老师在第一课时教学中的提问能够把握住时机，堪称绝妙。牵一发而动全身，抓住文章的关键，将文章的所有问题归为一个问题，由这个问题将其余牵引出来，有效地引导学生分析理解课。刘宝丽老师在第二次教学中提出的问题也很好，抓住了重点，适时地将学生导入情境，有效地激发了学生的学习热情。

但如果提问方法用得不妥，就很难起到它的作用了。如王冬英老师没有很好地掌握学生阅读方面的理论，她不知道读通读顺课文是初读时的基本目标，而"有感情"则是在学生分析、感悟文本时逐步做到的，而且她对于学生提出的问题没有正视，错失了培养学生质疑精神的良好时机。刘宝丽老师在提问时，使课文分析有迂回现象，这属于教学事故，是提问法没有掌握好。

所以说，我们一定要掌握好提问的时机，这样不仅可以及时检查学生学习情况，开拓学生思维，激发学生兴趣，引领学生进一步体会文章情感，引起感情上的共鸣，还有助于活跃课堂气氛，促进课堂教学的和谐有序发展。

课堂提问不仅可以拓宽学生思路，启迪思维，还有助于发挥教师的主导作用，调节教学进程，活跃课堂气氛。课堂提问是课堂中最普遍的师生互动方式，它能帮助教师了解和把握学生的学习状况，调控课堂教学，精彩而有效的提问能使教学有声有色，提高课堂教学的质量。

教师感悟

在课堂上设置悬念，能激发学生的学习动机，提高学生的学习兴趣，促使学生积极感知学习对象，增强记忆力，丰富想象力，促进积极思维。同时，课堂上的悬念也将学生的注意力集中起来，通过这样的引导，学生就会愉快地将自己的思绪投入到探索知识的情境中去。

——刘艳如　载《优秀教师课堂情绪管理的智慧》

设置悬念，培养学生的好奇心

悬念是教学中常用的一种技巧，也是一种行之有效的教学方法。悬念作为一种学习心理是由学生对所学对象的未完成感和不满足感而产生的，是一种具有巨大学习潜能的心理状态。

"欲知后事如何，且听下回分解"是小说中常用的手法。相信我们每个人都有这种经历，也都能清晰地回忆起那种感觉，当我们看小说或电视剧的时候，剧情发展到高潮之时戛然而止，我们欲罢不能。于是我们会迫不及待地想知道后事如何，结局怎样。这就是悬念的作用，它吸引着我们一直把书或电视剧看完。

在课堂上也是如此。平淡、枯燥的教学往往使学生无精打采，交头接耳，甚至伏案大睡。好奇是人的天性，如果我们在平淡的教学中适当加入点新奇，设置悬念，调动学生的学习情绪，吸引学生不断思考，并期待后面内容的快快到来，相信会有意想不到的良好的效果。

溧阳市戴埠中学教师汪德富先生为人开朗大度，有着一股特有的幽默和优雅。学生们十分喜欢并尊敬汪德富老师。他在工作上的魅力确实无人能及，听他讲课，每每让人欲罢不能。

下面是他的几个教学片段：

片段一

在学习《碳的几种单质》一节时，汪老师对台下的学生说道："同学们，今天我带了一把玻璃刀，有哪位愿意借给我一支铅笔用用呢？"

前排的一个学生立即将一支铅笔递给汪老师。

"大家都知道玻璃刀非常锋利，只需轻轻一划，就能将一块玻璃一分为二。你们知道玻璃刀的刀口是用什么东西做的吗7"

台下的学生有的说是钢铁，有的说是一种特殊的材料。

汪老师没说出答案，只是接着问："大家再看这支铅笔，你们知道铅笔芯是用什么东西做的吗？"

"石墨！"一个学生抢着回答。。

"对，铅笔芯是用石墨做的，而玻璃刀的刀口则是用金刚石做的。"

"金刚石？"学生们好奇地问道。

"对，是金刚石。同学们，你们知道吗，金刚石是自然界最硬的天然物质，而制成铅笔芯的石墨是较软的物质之一，它们都是由碳元素组成的单质。"

"都是由碳元素组成的？"

"不会吧，如果真的是由同一种元素组成的话，性质也应该相差无几啊。可是为什么一个这么硬，而另一个那么软呢？"台下的学生一个个露出疑惑不解的表情，看着老师，急着等他说出答案。

"好，同学们想知道答案的话，下面我们开始学习碳的几种单质

片段二

在学习盐类的性质时，汪德富事先在讲台上准备了一杯不知名的溶液、一个小铜片、一支细铁丝。

然后，他指着手中的铜片说："同学们，你们中有哪位能在上边画出一只小企鹅呢？"

台下的学生面面相觑，怎么可能，又不是一张白纸，除非用刀子在上边雕刻。

见学生不语，汪老师笑笑，说："大家看我的！"

说着，他用一根细铁丝在杯子中的溶液里搅拌了一下，让铁丝上沾满溶液，然后在铜片上勾勾画画，几分钟后，一只憨态可掬的小企鹅就出现在学生面前了。

"哇，真像我 QQ 聊天时的那只企鹅！"

"老师，这是什么魔水？"

汪老师看着台下七嘴八舌的学生，说道："大家安静了，想知道我用了什么魔水吗？下面我们开始学习盐类的性质，刚才用的魔水就是一种盐……"

从以上的案例我们可以看出，汪老师上课时特意设置悬念，用学生不知道的但很感兴趣的话题引出课上内容，让学生从心底产生一种疑问，生出诸多好奇，让学生在充满疑问、期待的氛围中学习、思考，无疑是非常成功的例子。

悬念是未知通向已知的一道神奇的门。当我们打开这道门之时，豁然开朗，

不知不觉，悬念已不再，于是，一切就淡了；但是，当门未开时，扑朔迷离，揣测连绵，人人都急切地想知道答案。在课堂教学中如能巧设悬念，必会对教学起到事半功倍的作用。

除了利用设置悬念来维护学生的好奇心，教师还可以从以下两方面着手：首先，要保护学生自然流露出的好奇心。对他们的提问、质疑探索，甚至不同意见给予支持和鼓励，为学生表现好奇心和满足好奇心提供机会。其次，教师可以借助榜样的作用激发孩子的好奇心。有学者说过："教师的巨大力量在于做出榜样。他们要表现出好奇心和思想开放，并随时准备自己的假定将由事实来检验，至承认错误。传授学习的兴趣，尤其是教师的责任。"因此，老师可以通过自然地表现自己的好奇或无知来激发孩子的好奇心和求知欲。

苏霍姆林斯基："求知欲，好奇心——这是人的永恒的，不可改变的特性。哪里没有求知欲，哪里便没有学校"。因此，为了使学生成长为独立而有创造性的人才，我们教师必须维护并培养学生的好奇心，让他们在满足好奇心的过程中获取知识，把世界变得越来越好。

诺贝尔物理奖得主、美国加州理工学院物理系教授理查德·费曼先生天性好奇，自称为"科学顽童"。作为近代伟大的理论物理学家之一，他可能是历史上唯一被按摩院请去画裸体画、偷偷打开放有原子弹机密文件的保险柜、在巴西桑巴乐团担任鼓手的科学家。

他十一二岁时就在家里设立了自己的实验室。他在那里自己做马达，用光电管做些小玩意，还用显微镜观察各种有趣的动植物。有一次，为了了解草履虫在周围的水干掉之后会怎样，他用显微镜进行了观察：先在玻璃片上滴一滴水，放到显微镜下，他看到一只草履虫和一些"小草"。然后，他用了十几分钟时间观察草履虫在水逐渐蒸发时的表现，结果发现在水干掉后，草履虫居然可以像变形虫一样改变形状，尝试摆脱"小草的束缚"。

当他到普林斯顿大学读研究生的时候，他仍然保持着这样的好奇心。为了弄清蚂蚁是怎样找到食物，又是如何互相通报食物在哪里的，他也着手做了一系列实验，如放一些糖在某个地方，看蚂蚁需要多少时间才能找到，找到之后又如何使同伴知道；用彩色笔跟踪画出蚂蚁爬行的路线，看究竟是直还是弯。正是这些实验使他知道蚂蚁是嗅着同伴的气味回家的。后来，当他发现蚂蚁成群结队地"光顾"他的食品柜时，他运用自己发现的蚂蚁觅食规律，成功地改变了蚂蚁们的行进路线，使食品柜免受侵害。

在剑桥大学，维特根斯坦是大哲学家穆尔的学生，有一天，罗素问穆尔："谁是你最好的学生？"穆尔毫不犹豫地说："维特根斯坦。""为什么？""因为，在我的所有学生中，只有他一个人在听我的课时，老是露着迷茫的神色，老是有一大堆问题。"罗素也是个大哲学家，后来维特根斯坦的名气超过了他。有人问："罗素为什么落伍了？"维特根斯坦说："因为他没有问题了。"

德国著名化学家李比希把氯气通入海水中提取碘之后，发现剩余的母液中沉积着一层红棕色的液体。他虽然感到奇怪，但并未放在心上，武断地认为这不过是碘的化合物，只在瓶上贴张标签了事。直到以后一位法国科学家证实是新元素溴，李比希才恍然大悟。他因此称这个瓶子为"失误瓶"，以告诫自己。

从费曼先生的实验中，我们可以看出他的好奇心有多大，很有一种不找到答案誓不罢休的劲头。他在理论物理领域所取得的巨大成就和他旺盛的求知欲有着很大的联系。维特根斯坦的名气之所以能够赶超大哲学家罗素，就是因为他始终保持着一颗孩童般的好奇心，不断地思考，不断地问"为什么"。而化学家李比希虽然已接近成功的边缘，但由于没有重视并坚持自己的好奇心，导致最终与重大成果溴元素的发现失之交臂。

　　学生是学习的主体，无论他们提出的问题是幼稚的还是难度较大的，教师都应该耐心予以解答，维护他们的好奇心的同时，进一步引导、培养他们相关方面的好奇心，使他们不断思考，产生强烈的求知欲。总之，维护孩子的好奇心既是教师教出好成绩、调动学生课堂积极情绪的必要手段，也是一个孩子将来有所成就的前提。作为一名人民教师，我们必须重视。

先生之风
山高水长

第六章

把学生培育成
一个大写的人

当我们带着学生穿越文学殿堂，邀游数学王国，探索宇宙奥妙时，千万不要忘记：学生的素质要全面发展，还要教给他做人的道德底线、基本的智慧知识、基本的审美能力以及劳动能力和自我保护的能力。只有敢爱敢恨，有喜有忧，具有忧虑意识与奋起精神的学生才是一个人性健康发展的健全的人。

千教万教，教人求真

教师感悟

在这个世界上，我们可能有先天的缺陷，也可能有后天的不足。这都不要紧，要紧的是我们敢不敢以本色示人，展现一个真实的自我，而不去欺骗，不去隐瞒，不去作伪，不去谄饰，不搞装腔作势，不玩虚情假意，活出一个本色的人生。保持自己的本色，你就展示了一个人最宝贵的价值。

——张万祥 载《新课标德育资料库》

有一位小学教师讲过这样一个故事：

小学语文第九册有篇课文《给予是快乐的》，讲的是保罗把自己得到哥哥所赐的圣诞礼物——汽车的快乐给了小男孩，让小男孩坐上车兜风。小男孩想的是，要是自己也能给瘫痪的弟弟送辆车以让其"亲眼看一看圣诞橱窗里的那些好东西！"课文让人强烈地产生一种感动，涌出给予的冲动。

在课文结束时，老师问学生："同学们，你们有过给予的快乐吗？"学生们纷纷举手。一个学生说："那天放学，突然下雨了，我带了两把伞到校，马上就借了一把给同学，我感到很快乐。"另一个学生说："夏天，烈日炎炎，民警叔叔在马路上维持交通秩序。看到叔叔们大汗淋漓，我马上买了一个大西瓜送给他解渴，我感到很快乐……"听到孩子们的回答，我不禁皱起了眉头：也许孩子们说的是真的，但有没有一个孩子上学会带两把雨伞？主动买西瓜送给值勤民警的似乎也很鲜见，隐约中我有一种感觉：孩子们是在编故事，是在讲一些并未发生的事情，然而却讲得煞有介事，毫不脸红。

出现这种情况，能怪孩子们喜欢撒谎吗？问题还是出在教育上，应该追溯到作文教学的弊端上来。现在，学生生活比较单调，拘囿于课堂，使他们很难有接触社会的机会，写起作文来，源于生活的东西就比较少。怎么办？市面上作文书很多，家长和老师以为，那些文选上的作文都是"范文"，无论是内容还是结构，学生都可以去模仿。于是，这些文本就成了孩子们的案前书，每天读几篇，脑中便有了一些"积累"，写起作文来，这些"积累"便成了作文材料中的"源泉"。打开学生作文本，所涉内容常常"似曾相识"，题材事例撞车的很多，弄得老师评讲作文时不敢读优秀作文，因为说不定这篇佳作就是一篇赝品。有人对作文上的这种现象不以为然，认为写作文从模仿开始，题材的借用可以拓宽孩子的视野，甚至认为"编造"是一种想象，想象是写作成功的翅膀。殊不知这种"宽容"的副作用相当明显，明显到孩子写作文就想到编故事，进而说起谎来也"从容不迫"了。

文品就是人品。如果写作上的积弊迁移到做人上来，那就危险了。由此，我们教育工作者不能单就学科的技巧进行教学，而要超乎学科，从做人的高度思考我们的教育行为。就作文教学而言，除想象类作文外，我们要让孩子把"说真话、叙真事、吐真情"作为第一要务。坚持让学生写真人真事、抒真情实感。如果学生缺少生活积累，就要给他深入生活、融入生活、感悟生活的机会。

新课程倡导要教会学生做人，做人的第一步是要"求真"。陶行知老先生有句至理名言："千教万教，教人求真；千学万学，学做真人。"

这是一位老师写下的文字：

陶行知告诉我们：千教万教教人求真，千学万学学做真人。人类灵魂的工程师要"身正为范"，作为班主任更应该以身作则，把教会学生做人放在工作的首位。但近来我却常常困惑，自己在不知不觉中做了什么，学生从我身上学到了什么？

我教学生欺骗。

对自习课，我要求学生可以小声讨论，但学校却规定自习课不准讲话，必须保持安静，否则在纪律检查时要扣分。接连几周，我班的纪律分在年级中都倒数。我有些着急了，因为这个分数是与年终评先进班级挂钩的，而先进班级又是与班主任奖金挂钩的。再这样下去，怎么行？于是，在班干部会上，我作了如下要求：纪律班长要了解清楚每天纪律检查的时间，然后在每次检查时警告大家停止讨论，等检查结束后再讨论。果然，接下去几周的纪律分已稳居年级前三名了。但看着公布栏里的分数，我却高兴不起来。

我教学生圆滑。

一天，某任课教师因自己心情不好，在课堂上无端发火，拂袖而去。班长急忙来找我救驾。我了解情况后，虽知责任在某教师，但还是到班里，语重心长地给学生上了一课："你们怎么看不出老师的脸色？这下倒好，惹事了吧？学会察言观色很重要，以后看到老师脸色不对，就要小心行事。他怎么说你们就怎么办！一会儿我把某老师劝回来，你们要向他道歉，请他原谅。不然，一堂课就这样浪费了，以后某老师对咱班也有意见，他还会认真教我们吗？那这一科的成绩就会大受影响……"我发现有几位学生欲言又止，但也顾不了这么多了。劝回某老师，我站在窗外，看着大家面无表情地站起来向某老师说对不起，我在心里骂自己：学生究竟错在哪里，你让他们道歉？

我教学生自私。

周六带学生到多媒体室看电影，邻班的学生也来沾光，把前面的好座位全占去了。我有些生气：这是我事先与管理员联系的，我班的学生还没坐呢，你们怎么先坐了？一声令下，我把邻班的学生叫起来让他们到后面坐去。他们磨磨蹭蹭，有几位嘴里还嘟哝着什么，但最终还是坐到后面去了。和自己班的学生坐在前面，我竟一直不能安心看电影了，总感觉到后面有很多双眼睛在盯着我。我后悔莫及，自己在学生面前做了什么啊？

在困惑中我在反省，在反省中我又在困惑，怎样才能真正做到为人师表，靠我一生的努力能做到吗？教学生弄虚作假，长大后他真的会成为了你。

从以上文字看出，要真正实现"求真"的境界，并不是一件容易的事。但要记住，优秀教师一定是一个求真的教师。教师的所有行为，无论是班主任工作还是学科教学，无论是开展活动还是进行家访，无论是学科竞赛还是学科教学，我们都要坚持"求真"，坚持不掺假、不搞虚浮，实事求是，客观公正；更要为人师表，真情地投身教育，真心地关爱学生，只有这样，才能培养出真正有思想、勤学上进的好学生。

把自信种在学生心里

教师感悟

老师不是医生，不能总是看学生的不足与缺陷；老师不是警察，不能总是像盯着可疑的人那样，只看学生档案中的阴影；老师也不是演员，不能只在舞台上按照剧本演戏。老师应该是寻找宝藏的人，在学生心灵的土地上，寻找生命的精神资源，并把这种潜在的资源发掘出来，变成精神财富。老师不仅要发现学生的闪光点，而且要引导他们自己去发现其闪光点，使他们形成自爱的心态，使他们相信自己就是最好的，自己有许多可爱的地方。我们经常教育学生要爱他人，可从来没有告诉他们要爱自己。学生因为找不到自己的可爱之处，于是就放弃了许多追求。生命的发展需要自爱。

——刘德华 载《让教育焕发生命的价值》

  自信心是指个体对自己的一种态度、认识、评价和信念。较强的自信心不仅能使学生在学业上取得成功，也会为学生在日后的社会生活取得更大的成就，从而获得更多的满足铺平道路。不仅如此，自信心还会产生连锁反应，它可以使学生获得其他许多优秀品质，比如能很好地应付压力、具有更好的判断力等。相反则会产生"波纹效应"（是指在学习的集体中，教师对有影响力的学生施加压力，实行惩罚，采取讽刺、挖苦等损害人格的做法时，会引起师生对立，出现抗拒现象，有些学生甚至会故意捣乱，出现一波未平，一波又起的情形。这时教师的影响力往往下降或消失不见，因为这些学生在集体中有更大的吸引力。这种效应对学生的学习、品德发展、心理品质和身心健康会产生深远而恶劣的影响），致使学生缺乏进取的动力，难以在学习上取得理想的成绩。

莎士比亚说过："自信是走向成功的第一步，缺乏自信是失败的重要原因。有了自信心才能充满信心去努力实现自己的目标。"产生自信心，是指不断地超越自己，产生一种来源于内心深处的最强大力量的过程。这种强大的力量一旦产生，你就会产生一种很明显的毫无畏惧的感觉、一种"战无不胜"的感觉。

产生自信心后，无论你面前的困难多大、你面对的竞争多强，你总感到轻松平静。教师要尽可能满足学生的学习和认识需要，使学生获得成功，增强成功的体验。有了成功的体验，肯定了自己，相信了自己，增强了自信心，从而激励自己不断地去探索，去争取成功。

开学不久的一次数学课上，我发现了她——娜娜。那天，我像往常一样提出问题，让学生四人一组合作讨论，每个学生都积极参与，课堂气氛异常活跃，当我正高兴于学生的投入时，发现娜娜一人坐在座位上而没有融入到小组讨论中。我走到她面前，她似乎发现了什么，抬起头，茫然地望着我。我对她说："来，把你的见解说给我们听听，看看你有什么好的想法？"娜娜霎时满脸通红，低下头默不作声，我立刻意识到娜娜是一名特殊的学生，对她说："是不是没想好，那你先听听其他同学的看法。"她轻轻地点点头。

从那以后，我就特别注意娜娜。当同学们课间在一起快乐地游戏时，她却独自坐在教室的角落里发呆；当同学们兴致勃勃地在操场上锻炼时，她只是一个人站在操场上羡慕地看着。她胆小、性格内向、不爱与同学们交往，课堂上非常安静，从不举手发言。她在学习上存在着很大的困难，使得她的性格更加孤僻甚至有些自卑。我决定帮助她克服自卑感，树立自信心。刚开始，我与她交朋友，不光从学习上还从生活上关心她。我经常对她说："在老师心里你是一个很可爱的学生。"她听了，眼里流露出一种少见的喜悦神情。上课时，我有意地注视她，用目光鼓励她。我有意向她提一些她能回答的问题，一旦问题答对了，我就在全班面前表扬她，使她敢于对自己说"我能行"。布置作业时，我会特意布置一些适合她的作业。对她交上来的作业，我都会给她注上一句简单的话，从"有进步"到"真棒"，再到"太好了"。此外。我还与她的家长取得联系，希望家长也多给她一些鼓励。这样，在老师和家长的共同努力下，她的自信心得到很大的增强。当老师提问时，她可以毫不犹豫地举起手来，这表明她迈出了可喜的第一步。渐渐地，她不再对数学学习感到枯燥、乏味，同时，这种学习的欲望在其他学科中也得到了表现。我也高兴地发现她在其他方面的变化，比如同学们邀她一同游戏，她再也不是一名观众，而是大胆地与同学们一起玩耍。她再也不像一只离群的孤雁了，看到她脸上那份自信的微笑，我感到十分欣慰。

这件事让我感触颇深，作为教师，我们应该对学生多加鼓励和赞扬，培养和增强他们的自信心。正如美国心理学家戴克斯所说："孩子需要鼓励，如同植物需要水一般"，教师的激励能引起学生强烈的情感共鸣，产生巨大的心灵感应，从而使内在潜力得到充分发挥。确实，比起批评、责骂，适时的关心和激励具有更大的效果。遇到不自信的学生时，老师应给予更多的关心和鼓励，不仅如此，老师还应该鼓励学生多与人交往，多参加集体活动，让他们从中感受到与他人的友谊，感觉到在集体中贡献自己能力的快乐，从而在不知不觉中树立起自信。

自信是通往成功的敲门砖，对于学生来说更是决定学生成功与否的关键，因此，在教学过程中，帮助学生赢得信心成了老师工作中的重中之重。

案例中的"我"通过平时的留心观察，发现了一个脱离群体的学生娜娜，主要原因是娜娜缺少自信，进而导致自己性格孤僻甚至有些自卑。于是"我"采取了一系列的措施来帮助她赢得自信，首先与她交朋友，在学习上、生活上关心她，使她从心灵上不再孤独。然后通过鼓励的方式，使她树立"我能行"的信心。在作业批改中尽量给予表扬的评语，从"有进步"到"太好了"，她的自信心也随之有了逐渐提高。

"我"还充分发挥了家庭对学校教育的作用。动员家长也给她一些鼓励，在老师和家长的双重肯定和鼓励下，一位沉默寡言的学生终于走出了过去的阴影，与同学们打成一片，脸上充满了自信。这个案例使我们深刻地体会到作为一名成功老师的可贵之处，就是如何通过自己的实际行动来帮助学生赢得自信，从而通向成功的大门。

班级中原有一名后进生，各科成绩都很差，他自己也很自卑，对学习没有兴趣。我原以为这个孩子成绩差是因为家长对他放任不管，可是在一次家访中我意外地发现，其实他的母亲为了孩子的学习费了很多心思，作出了很大牺牲，尽管孩子学习不理想，可她还是一如既往地给儿子信心和帮助。我震撼于母爱的力量如此伟大，同时也进行了自我反思：我们往往在重视学习成绩的同时忽视了学生健全人格的培养。因此，我决心从培养他的自信心入手。

机会终于来了。一次数学课上，这个"笨孩子"兴奋地举着手，迫切希望回答问题。看着他自信的表情，我暗想，等他回答完了一定要好好表扬表扬他，可没想到他站起来后就不知道该怎么回答了，我示意其他学生耐心地听他讲，可他绞尽脑汁还是说不出，怎么回事？看他举手的神情应该是有自己的思路，难道是紧张导致暂时遗忘？想到这里，我对全体学生说："ＸＸ今天能主动举手，我们很高兴，让我们为他的勇敢而鼓掌。"在大家的掌声中，他显得很意外，继而腼腆地笑了。我发现，这一节数学课，他听得特别专心，而且举手也特别积极。基于上面的经历，我也不敢轻易请他发言，只是试探性地挑了一个特别简单的问题请他回答，他好不容易答对了，我暗暗地松了一口气，同时给了他热烈的掌声。望着他灿烂的笑容，我似乎看到了他向着成功迈出了一大步。

在以后的数学课上，他举手的次数越来越多。我尽量挑一些适合他的问题让他回答，并适当地鼓励他，他逐渐有了自信。在应用题单元的教学中，我意外地发现他在这方面的理解能力特别强，有一次大部分学生都对一道应用题的另一种解法感到困惑，这时他站起来不紧不慢地说："其实这很简单……"他自信的语气和清晰的思路令全体学生和我目瞪口呆。

自信来自成功，成功来自自信，可见两者是相辅相成的。可见失败将会成为减弱自信心的一大主要因素。因此，在教学过程多给予学生一些肯定、表扬或鼓励将更有利于学生自信心的建立。

在以往的教学中更多的是重视学习成绩，而忽视了学生健康人格的培养。如何培养学生的健康人格，首先，应使学生有一个自我肯定的心态，而不是自我否定的心态。案例给我们树立了一个非常好的榜样，即如何帮助学生赢得自信心。自我肯定的心态是建立在别人的一致认可的基础之上的，因此，在教学中作为老师应善于发现学生的进步，并给予及时的表扬反馈，案例中的这位老师他做到了这一点，从一个很小的细节出发，反而取得了意外的收获，改变了一个学生以往不自信的心理。

自信受到成功率的制约，一个人的自信程度与他的成功率成正比。成功次数越多，自信心越强；反之，失败次数越多，自信心越弱。给予学生多一点赞许的目光，多一点的表扬，这样学生的自信也将随之提高，这不仅使学生离成功更近一步，更重要的是使老师的付出得到了回报，更是对老师工作的一种认可。

教孩子懂得善良与感恩

对于什么是"人性"？我国古代学者有许多著名的论述。孔子曰"性相近"，承认有人性，但未说人性是什么；孟子说"人性善"，荀子说"人性恶"，告子说无所谓善恶，又说"食色性也"，等等。中国的圣哲前贤们大都从社会伦理角度阐述人性。

文艺复兴后的欧洲资产阶级则把人性看作感性欲望、理性、自由、平等、博爱等等，他们大都从人的本质存在、天然权利等角度来阐发人性，起因则在于反对封建制度对个性的束缚。

其实，人性就是人"向善"的本性。学校道德教育是引领学生"向善"的教育，也是人性的教育，教育绝不能培养"有才无德的危险品"，德育的根本任务就是培养学生"向善"的本性，使整个教育过程处处闪耀人性的光辉。在平时教学中，有些教师只知道向学生传授客观真理，却很少透过真理的表述让学生体验其中包含的"人性"要素，于是德育往往就与学科教学割裂开来，或者单独设科，或者通过举办活动进行空洞的说教，从而使学生求知的过程失去了人性的照耀，这是造成学校德育针对性不强、实效性不高的直接原因。

帮助学生做一个有人性的人，就是要让学生具备人道的品性，懂得爱，懂得怜悯；学会尊老爱幼，学会尊重他人，学会尊重不同意见和不同地区的文化；具备人文情怀和全球意识等。帮助学生做一个有人性的人，实际就是让学生成为一个善良的人，一个有良心的人，一个胸怀坦荡的人，一个有知识和智慧的人，一个坚强正直、敢于面对困难和挑战的人。

巴金教育子女有过一句名言，值得我们铭记，他是这样说的："第一是善良，第二是善良，第三还是善良。"一个班上几十名学生，不一定每一个人都能成为科学家，但每一个人都可以成为一个善良的人——给别人带去快乐，因而自己也快乐。

下面是一位老教师关于一个善良学生的故事：

很多年前，我班上有一个学生成绩特别好，而且特别有爱心。当时我给他们推荐了一本书《爱的教育》，我要每位同学都去买来读。不久，他找到我，要求我把班上一位成绩很差表现也不好的同学安排来和他坐一块儿。我问为什么，他很真诚地说："这样我就可以每堂课都提醒他认真听课，每天放学后我还可以帮他补习当天的功课！"我非常感动，便答应了他的要求。从此，他成了那位同学的小老师，每天放学后人们总能够在教室里看到他们一起学习的情景。

但过了不久，我接到他妈妈的电话，她以责备我的口吻说："我们孩子每天放学很晚才回家，据说是帮助同学的学习。他还是一个孩子，凭什么要把本来该老师做的事教给他做？那个后进生把他的学习拖垮了怎么办？"我当即在电话里对她说："你不知道你有一位多么富有爱心的儿子！我为你儿子有这样纯真的爱心而骄傲！"后来，这位学生给我谈了他的苦恼，说他很愿意继续帮助那个同学，但妈妈反对。我说："你做得对！这件事你别听你妈妈的！"就这样，他在我的鼓励下，一直帮助同学到毕业，高考时考上了中国科技大学，有一年我去合肥讲学，报告地点就在中国科技大学的报告厅。我特意把他叫来，并且在报告中讲了他的故事。

清朝黄宗羲说过："爱其子而不教，犹为不爱也，教而不以善，犹为不教也。"作为一个优秀教师，在繁忙的工作学习中，总能找到一些机会，既要教书但更要育人，这才不辜负教师的天职。

让学生学会善良，重要的一点就是要学会感恩。生而为人，要感谢大众的恩惠，感谢父母的恩惠，感谢师长的恩惠，感谢国家的恩惠。没有大众助益，没有父母养育，没有师长教诲，没有国家爱护，我们何能存于天地之间？所以，感恩不但是美德，而且是一个人之所以成为人的基本条件。

目前的现实是，不仅是小学生、中学生，甚至大学生，普遍存在没有责任感，缺乏感恩意识的现象。其最直接的表现就是以自我为中心，只求索取，不想回报，很少去考虑自己应该对社会、对家庭负什么责任，社会、家庭把自己养育成人，自己应对其回报什么。

对学生"感恩心"缺失存在问题进行分析，有这么几个原因：

1.现在的孩子大部分是独生子女，家长尤其是爷爷奶奶过于溺爱宝贝，认为孩子小，凡事替孩子包办，好吃的留着，铅笔替孩子削好，书包替孩子背着，家务不让孩子碰着，有的学生饭还要大人喂着，除了作业不代办，其余都是老将出马，甚至作业也是家长陪着做……都是无条件的给予，没有培养孩子的回报意识，从而养成了对现有的条件不珍惜，只顾一味地索取，这样的环境下长大的孩子他们已习以为常，把一切都看做是理所当然的，当然不会想什么感恩。

2. 有些家长自身就缺乏感恩意识，在关心孝敬父母、长辈，关心他人方面就没有给孩子以榜样作用，甚至有的家长漫骂、殴打自己的父母，孩子在这样的氛围中成长，怎能孝敬长辈，怎能学会感恩呢？

3. 学校还是存在重智育轻德育的氛围，还是有应试教育的迹象。虽然一直强调学校教育以德育为首，狠抓德育的实效性，但是现今各种各样的教育教学质量检查、评比，使得教师们不得不把主要时间和精力投入在抓课堂教学质量，课后抓学困生的辅导上。每学期虽然也有组织学生开展一些德育主题活动，但实效性不是很大，对学生思想教育有时显得空泛。例如，当前学校的德育教育长期强调的是政治教育，要"爱祖国、爱人民"，这种教育当然很重要，而对于小学生而言，这种"爱"能不能被他们所理解？对于小学生而言，"爱家、爱父母"也许比"爱祖国、爱人民"实际得多。

4. 从社会大形势看，许多学生不知感恩。据报载，一位农民父亲写给大学生儿子的信，信中痛斥儿子不知感恩："不知道在大学除了学习文化，还能否学到良心？"这位大学生每次写信回家只有几行字，而且不清楚，只有一个"钱"字最清楚。事例不胜枚举。社会感恩教育缺损。在孩子成长过程中接触到的卡通、网络、新闻媒体等公共媒介中，只注重经济利益，忽略了对孩子的感恩教育。

如果要让学生懂得感恩，那么，首先必须让他学会感恩自己的父母。

爱自己的父母，不仅仅是因为他们给了我们生命。

在人世间，再没有比父母对子女的爱更深厚，更博大的了。

一次班会上，老师用物理实验激发了学生的亲情。

一名学生蒙上眼睛，手中托着盘子。老师开始往盘子上放书本，要求学生不时说出对重量的感受。起初，盘子里承载的书本很少，每放上一本，学生都明显地感受到分量在增加，但当盘子中的书本摞起厚厚一摞，再增加书本时，学生已经感觉不到分量在增加了。

实验结束后，望着一脸疑惑的学生们，班主任老师解释说，这是物理学上的贝勃定律，"亲情何尝不是如此？父母给予了孩子深厚的爱，之后不断给予孩子爱时，孩子却察觉不到了。"台下，学生和家长代表们一下子沉寂了，思索着刚才的物理实验。

女生小文(化名)哽咽了，她出生时患有脊柱侧弯，很多人劝妈妈再生一个，但为了把一份完整的爱留给女儿，母亲放弃了生第二胎的想法。十几年来，妈妈一面帮女儿治疗，一边辅导孩子的学习，还带她学钢琴，母亲的爱真的太深厚了。

学生小黄与大家分享了自己的一篇日记，写的是她给妈妈洗脚的感受，日记中写道："13年来，我接受着父母对我无微不至的关怀，却觉得天经地义……我从来不曾看过母亲布满了厚茧、如此粗糙的双脚，好陌生……"日记没读完，教室里的妈妈们已是泪眼蒙眬。"对不起，妈妈！"班会上，男生卫俊当着全班同学的面，大声道出了心中的歉疚。小卫的妈妈是农村人，每次遇到儿子学校开家长会，她都特别想去参加，但每一次都被儿子阻止了。一次卫俊急了，对妈妈说："你长得丑又没文化，去了只会给我丢脸！"这席话让妈妈半天没吱声。卫俊说，这之后妈妈对自己一如既往地好，但他却没有道歉的勇气，这一次。重审亲情，他感到了自己的渺小。

班会的最后，同学们纷纷表示要为父母做一些事，给妈妈做顿饭、为爸爸捶背、听父母的话……李老师看到，同学们的眼神温暖而动人，每一个家长代表的手臂都被孩子轻轻挽起。

这是一次成功的感恩教育。真正的教育，不仅要教给学生知识，还要教给学生情感；不仅要学生体会到被父母爱是幸福的，还要让学生明白爱自己的父母更幸福。

培养学生的感恩品质，需要从家长到学校系统的培养教育过程。感恩教育要从点滴小事做起，比如有的家长对孩子从小进行计划花钱教育，让孩子从小懂得钱的取得是父母用汗水换来的，要花得有价值。在学校里要让学生亲自参加集体劳动，对自己的生活需求自我服务，衣服要自己洗，卫生要自己打扫。他们便从劳动中懂得父母的日常生活中的辛劳和付出。假期中让学生亲自帮父母干一些体力劳动，使其在劳动中体会到父母是怎样挣钱供自己上学的，他们便会珍惜眼前的学习机会。作为优秀教师，利用教学和生活中的点滴小事对学生进行感恩教育，也是必须要做的功课。

教师感悟

就像走路、吃饭一样，父母老师不可能跟着孩子一辈子，孩子的将来得靠他们自己。所有教育要喊响为学生"断奶"的12号，引导学生学会自己寻找："活水"，自我丰厚文化底蕴。对于人的成长来说，断奶是痛苦的，但断奶是必须的，因为，人类文明的传承和发展绝不是把水从一个容器倒进另一个容器那么简单。

——林以广 载《师道》

培养独立精神，让学生学会生存

去年教六年级时，有一个女生乖巧、文静，对老师很有礼貌，和同学相处也很友好，在班上绝对是一个好学生。她语言表达能力很强，对美术也很感兴趣，画画很不错，同学们都很喜欢她。有一天早上，我突然看见她母亲端着一碗热干面，站在学校门口喂她，觉得非常诧异，要知道一个六年级的学生有这样的事发生，我还是头一次见到。她看见我走到身边，连忙推开妈妈正喂到嘴边的汤勺，然后很不好意思地跑进学校，而她妈妈却微微一笑，解释说："怕她迟到了，来不及，这孩子做什么事都拖拉……"

一个说起道理来头头是道的学生，为什么会有这样的事发生呢？我百思不得其解，经过家访，终于发现：原来这孩子的父母年龄很大了才有这孩子，把她视为掌上明珠。又由于某些原因，父母离了婚，孩子由外婆和母亲带着，更是娇惯得不得了。除了学习，孩子在家不做任何事，"学习至上，成绩至上"是孩子唯一的目标，家长包办了孩子的各种家务劳动，生怕她因为干些"杂事"而耽误了学习时间。每天由大人叫起床，帮助整理学习用具，有时家长没弄好，她还对家长不理不睬，甚至责骂家长。家长既不停地为孩子做这做那，同时又感觉自己为孩子付出的很多，孩子还这样拖拉、不尊重家长，而感到伤心。

在与她妈妈和她的交谈中，我首先肯定了妈妈对孩子的关心与照顾，然后对她进行了批评教育，告诉她自己的事自己做是一种能干的表现。接着和她妈妈谈了孩子的生活自理能力问题。六年级的学生，还喂饭，帮她清理用具，她会觉得自己很没用，会伤自尊心，久而久之，她的自理能力没有得到培养，会让她养成任性、以自我为中心、对家人漠不关心的坏习惯，到时候后悔就来不及了。她妈妈听了我说的话，频频点头，表示赞同，决定不再对孩子娇生惯养、包办一切，她能自己做的事情，就让她自己做。同时表示孩子有什么情况会及时告诉我。

在学校，我试着让女生担任小干部，组织同学学习，帮助老师检查作业等等，因为她的画画不错，我还让她负责黑板报，她也干得有声有色，平时我也经常问她在家的表现，以便及时督促提醒。一段时间之后，她的自理能力有了大幅度提高，也更自信了。

我们的学校教育是培养独立学习、敢于思考的学生，家长这样的做法，和学校教育背道而驰，所以学生很容易成两面派，也就是说，他们什么道理都懂，就是懒得做。我们只有及时和家长沟通，让家长明白，孩子的自立能力培养就像一粒种子，决不能等到收获的季节才匆匆忙忙地想到播种，而是应赶在生命的春天里就有意识、有计划地培育，并坚持不断地施肥、浇灌，才能使孩子很快地发芽、生根并茁壮成长，让他在人生之路上结出累累硕果。

孩子总有一天要自立于社会，自立于人生。家长不能什么事都替他们干，如果这样，就远离了教育孩子的目的。只有从小培养孩子自己的事情自己做。自己的东西自己管，自己的生活自己安排的自我管理习惯，才能增强孩子行动的独立性、目的性和计划性，这对于孩子今后的生活无疑有很大的帮助，这样孩子才能健康成长。

人类学的研究表明，人与多数动物相比，是一种"有缺陷的生物"。为什么这么说呢？因为和大多数动物相比，人的本能相对匮乏。我们知道，大多数动物出生后很快就能独立生存，其生存能力主要是通过遗传获得的，是本能的。可是人出生时，孱弱无力，除了会吸奶会睡觉，几乎没有任何自我生存的能力。人要获得生存能力，起码需要十多年的时间，而且这些能力是需要不断学习来获得的。所以，教育的诞生，是人的"缺陷性"决定的。从这个角度我们可以说，教育最本真的意义就是教人具备生存能力，就是教人学会如何活下去。

现代人的生存概念和动物的生存完全是两回事。动物的生存基本上吃饱喝足就行，而人的生存则是将人的发展也包括在内，其内容也就丰富得多了，复杂得多了。如今的任何一个人都不可能在年轻的那几年或者是某个阶段就能够学会以后乃至一生所用的知识，所以学习的目的很明确，就是生存。

生存包括各种各样的需求，大体说一是物质方面，二是精神方面。人的一生就是和别人不断的较量和竞争的过程，所以对于人的要求就自然而然地提出更高的门槛。

可是，曾几何时，教育变了模样？从以校园围墙为标志的学校教育出现后，从考试制度出现后，教育就从内容到方法，逐渐远离了人类社会的生产与生活世界，形成了以课堂为中心、考试为中心、教材为中心、教师为中心的封闭式教学。教育逐渐成了文化学习的代名词，很长一段时间以来，人们一提到教育，只是认为：上学阶段，人们才与教育发生关系，离开了学校踏上社会，就不再与教育沾边了。甚至教育几乎成了考试的代名词，教育的目的被扭曲为：为了考试，为了升学。

当教育变成了这样的"面目"，它离"教会人生存"就越来越远：受教育者每天被迫背诵着"之乎者也"，被催逼着演算各种公式，还要做永远做不完的考题……十年寒窗，装了一肚子的"知识"，可是走出校门，被子不会叠，衣服不会洗，屋子不会收拾；不会自我推销，不会处理人际关系，不会解决工作难题；遇到挫折就一蹶不振，看到机会不能尽力争取，拿着文凭满街瞎转；未就业先失业，未上岗下先下岗……我们教育的缺陷还不明显吗？

中央电视台曾举办过一次"德智体美劳大奖赛"，某市的一位女孩获得了一等奖。记者们包围了她，教育系统的老师们包围了她：谈谈经验吧！

谈什么呢？她谈不出，她的父母谈不出，她的老师也谈不出。

原来，在得知举办大赛的消息后，举校皆慌。这所全市闻名的重点校，除了让孩子们啃书本，难道教过任何别的东西吗？这所围墙里的孩子们什么时候敢放纵自己一点一滴呢？

但毫无办法，必须参加，否则，重点校的脸上无光。于是宣布，对十几个平时爱玩幻想的孩子解除"禁令"，让他们把平时想干不让干的，想幻想不准幻想的"玩意儿"全"总结"出来，以备大赛的不时之需。

他们就这样被解放了两个月。两个月后，当他们捧杯回校时，发现一切又恢复了"正轨"：奖杯锁进了学校的荣誉室中，他们被"勒令"补课，继续处于不能想、不能干"非分"之事的环境。他们乖乖听从了。因为升学考试只认分数，不认奖杯的！

当然，每一种教育都有其自身的特点，注重书本教育也有它的优点。例如学生的基本知识比较扎实，这是无可怀疑的。但检验一种教育的优劣，还在于教育的后果，说得通俗一点：毕业后迎接生存挑战的可能。

法国教育思想家埃德加富尔曾在联合国教科文组织供职，他于 1972 年向教科文组织总干事长递交的一份研究报告——《学会生存》。

"学会生存"至少应该有以下三层含义：第一，学会自我保护，以保持正常的生存状态；第二，学会劳动、学会竞争、学会应变，以增强生存能力；第三，学会审美，以提高生存质量。这是因为，人生的追求，不仅仅是"活下去"，还应该"活得好"。

让学生"学会生存"，并不完全排斥"书本教育"，只是针对它的不足和偏颇。"书本教育"只管"灌输知识"，好学生的指标就是对书本教条无所不知；而"学会生存"致力于学生能力的培养，即使关注"书本教育"，也是注重让学生学习"如何学习"的方法，教师只是一位顾问，一位学习的参与者，他越来越少地传递知识，而越来越多地激励思考。

在时间上，"学会生存"具有终身性，它既然教会了学生"如何学习"，并使学生"乐于学习"，受教育者便会走上社会后仍不息学习，时刻进修。

海滩上，一个对社会抱有怨言的年轻人问一位学者："我有这么高的学问，为什么得不到相应的报酬？社会对于我太不公平了！"学者拣起一颗沙砾，扔向远处，然后对年轻人说："请你把我刚才扔的沙砾拾回来！"年轻人看了看远处，一脸茫然，"它们都一样，怎么能找到？"学者又从口袋里掏出一颗珍珠，扔向远处，然后叫年轻人找回来。年轻人很轻松地找回了珍珠。学者问："你为什么能找到这颗珍珠？"年轻人说："与满沙滩的沙砾相比，珍珠太显眼了！"

说罢，顿悟的年轻人明白了学者的用心：要想被别人重视，自己要努力成为沙砾中一颗耀眼的珍珠！自己的价值靠自己主动展现，而不是等人发现！

学会生存是当前各国教育所面临的重要任务，是当代社会及未来世界对人的要求。教育应当促进每个人的全面发展，即身心、智力、敏感性、审美意识、个人责任、精神价值等方面的发展。应该尽力使每个人能够形成独立自主的、富有批判精神的思想意识，以及培养自己的判断能力，以便由他自己确定在人生的各种不同的情况下他认为应该做的事情。

在一个信息化的社会里，任何学生都需要学习丰富的知识和掌握高强的能力，但是，作为一个优秀教师，必须牢牢把握住一个核心——学生最首要的任务就是学会生存。

先生之风　山高水长

第七章

好校风来自好班风

　　班风的作用不容忽视，一个良好的班风能够影响全体的团结，使得全体都有荣誉感，都愿意为自己的集体出一份力，不去拖后腿，起到规范的积极作用。而一个恶劣的班风则会导致班级涣散，使全体都不愿为班级做出贡献，最终必然影响到学生的学习生活。班风就像一个集体的标准一样，引导大家走向一个共同的目标。

培养公民意识，打造民主班级

教师感悟

真正的教育使得一个人易于领导与合作，而难以奴役和盘剥。建立健全的学生组织，让学生在集体生活中学习模仿、理解和融入社会，有助于这一代独生子女增强责任心，克服以自我为中心的毛病。学生在班集体中体验领导和被领导的关系，体验分权与制衡的益处，体验民主与监督的力量，有助于他们学习如何正确处理个人与集体、个人与个人之间的关系。

——卢军载《教师成长关键词》

教了二十多年的书，排座位居然成了大难事。经过再三考虑，我准备把排座位这件事情交给学生来办。

但我还是有些不放心，先跟学生聊了起来。"同学们，排座位要有一定的规则，你们的规则是什么呢？"班长李源说："首先要照顾眼睛近视的同学，因为他们的确有实际困难，大家都应该关心他们。"

学习委员袁葳说："还要考虑到学习成绩的差异，学习好的同学与学习吃力的同学排在一起，这样有利于结成'一帮一'的对子。"班上最调皮的周季钊有点不好意思地说："我觉得男女生应该搭配坐，男生和女生坐在一起，男生会讲究卫生一些，也会守纪律一些。"

周季钊的话刚说完，教室里的气氛顿时变得热烈起来。

"在没有特殊的情况下，就按个子高矮来排，这样，前面的同学就不会挡住后面的同学，每个人都可以清楚地看到黑板了。"劳动委员站起来大声地说。

平时内向的朱紫颖竟然说出了自己的看法，"在排座位时，能不能考虑一下同学们的性格呢？"

"对，让开朗的与内向的坐在一起。"立刻有人附和。

"组与组之间的座位应该每半个月轮换一次，这样可以让每个同学的眼睛都得到调节，不会造成斜视。"谁知这个同学的话音刚落，快嘴吴晶同学提出了异议："我觉得所有人不能一概而论，我的同桌陈宏希就应该经常坐在左边，因为他有向左斜视的习惯，经常坐在左边，可以强迫他向右看，有利于他眼睛的矫正。"

听了同学们的发言，我不禁有些惭愧。说实在的，同学们对这些细小问题的考虑比我还要周全。最后，我又不失时机地向大家提出了一个问题："如果家长对座位提出异议或者要求特殊照顾自己的孩子，那该怎么办呢？"

"那有什么难办的，如果家长们能说出正当的理由，并征得全班同学的同意，随时可以调整呀！如果理由不充分，不管谁说都不行！"

看着一群可爱的孩子，看着一张张纯真的笑脸，我感到有些欣慰了。排座位这个棘手、敏感的问题就这么解决了。接下来，在几个班干部的带领下，经过一阵忙碌后，座位终于排定了。

让学生成为班级管理的主人，这个理念能否实现？这则故事给了我们一个肯定的回答。学生排座位的过程，是学生自主管理的体现，更是学生自我教育的过程。为了公平、合理地排好座位，学生们懂得了要关心他人，特别是关注那些需要照顾的人；他们还考虑到座位能促进同学之间相互帮助、相互制约、相互补偿；不仅如此，他们还学会了如何辩证地、多视角地思考问题，既坚持了原则，又能具体问题具体分析，灵活机动地处理问题。在互动中，他们感受到了集思广益的优势，意识到了每个人的价值，学会了尊重，学会了倾听和表达……试想，如果这一切由教师一手包办，这可贵的教育契机只能失去。从这个意义上说，什么是教育呢？教育是给学生体验做事做人的机会，就是把学生培养成一个合格公民的过程。

当今的青少年学生在政治行为上不迷信宣传、不崇拜权威、不轻易服从，政治思想意识上具有探求性、进取性、独立性、自主性，这诸多复杂因素使得学生的民主意识、权利意识空前提高，这给我们的教师工作带来新的挑战。教师只有与时俱进，创造性地开展工作，才能适应新时代的变化。

民主社会的一个重要特征就是权力分散和权力制衡。有的教师凡事不论大小，全交由班长一人负责，还美其名曰"重视"和"培养"。殊不知让班长一人"大权独揽"的做法既不符合民主程序和科学原则，导致不公和"腐败"，也使班长不堪重负，不能有效开展工作，无法使集体走上健康发展的道路。

班级权力需要分散、制衡和监督，教师要努力搭建科学的班级权力运行框架。例如班长及班委会成员、组长经民主选举，有明确分工和职责，依照班规行使行政管理权并受全体同学监督；班级"史官"则每天按学号轮流产生，是舆论监督权的具体执行人，再由全班同学民主选出3位最公正无私的"法官"（不担任班级其他任何职务）组成独立的班级仲裁委员会（班级法庭），依据班规和"学生宣言"维护同学合法权益，调解同学间的矛盾纠纷，包括受理学生对班级干部工作的申诉控告。如调解不成，则向教师"上诉"，由教师出面协调解决。这种分权制衡模式既有利于班级高效和谐地有序运行，又有利于促进学生的社会化过程，培养他们协调沟通、自我解决问题的能力。

班级政治文明的重要标志，就是阳光透明地开展民主政治游戏。只要把班级权力运行的方方面面公之于众，就可以防止"以权谋私"、"结党营私"等消极问题的产生。教师应该明白，只有全体学生积极参与班级事务才有公平；全体学生能够公开监督批评班级干部（老师）才有公正；全体学生负责任地选出自己信任的代表才能使权力更好地为班级服务。

班级分权的另一方面含义是要强化小组地位和组长的作用。可以把班级分成若干个小组，小组既是行政单位，又是竞赛单位，还带有安全保护、学习互助等多种功能。一个班级的活力其实来源于小组的活力，小组的活力要靠在班级激励机制作用下经常开展的各项竞赛活动来支持。组长的产生要由班委会提名交本组同学表决产生，组长上对班委会负责，下对组员负责。因为组长有明显的"区域性"，他要直接对他"选区"的选民负责，必须严格执法，热情服务，创造性地开展工作，使他的小组在班级经常开展的各项"组际竞赛"活动中争先。在班级日常生活中，组长的作用举足轻重。

上述"公权机构"的职能是保证班级正常有序地运行。但一个班级要充满生机和活力，发挥每一个人的价值，做到人尽其才，才尽其用，还要成立各种协会，如文学协会、读书协会、艺术体育协会、科技协会、讲演协会、外交礼仪协会等（这些社团都应由学生们管理和参加，教师不宜多插手）。这些协会的"领导人"也不宜由班级干部担任，这首先是因为这些协会具有"民间性"的特点，班级干部的主要职责是行使管理班级的行政权，什么都管的结果很可能是什么都管不了、管不好。其次，班级干部也未必有相应的特长、兴趣、能力和精力，担任这些职务其实是勉为其难。

应该鼓励那些有相应特长的学生，特别是那些内向害羞、成绩欠佳、调皮任性的特长学生，经过一定的民主程序担任班级各类协会的会长。你要知道，内向害羞、成绩欠佳的学生身上也隐藏着某些优秀的品质与某方面的特长；而某些较为调皮任性的学生又常因表面的淘气而淹没了他们的勇敢、正直、热心等闪光点。这些学生特别渴望获得教师和同学的留心、重视、赏识、赞许、支持和拥护。教师一定要摘掉"有色眼镜",做识才用才的伯乐。给他们创造机会担任非行政性质的"领导职务",既满足了他们的上述心理需求,又有利于调动他们在各自职位上发挥才能和潜能的积极性。

这些内向害羞、成绩欠佳的特长学生一旦拥有了施展才华、展示自我的机会,往往比别人更珍惜,更努力。他们如果感到自己有实力、有能力、有价值、有用处,就会更加信心十足,更加有创造性地开展工作。同时,组织群体性的活动也有助于他们改变自己,经过一段时间的锻炼他们往往会变得大方知礼、举止有度、好学上进,协调能力和沟通能力也会增强。

组织群体生活的一个重要原则是少数服从多数。个人的意愿与大多数人意愿不符,就会被否定。让调皮任性的特长学生担任"行业领导"的职务可以使他们在实践中体会遵守规则的作用,学生在同伴群体中的合作关系,使他们认识到不能只顾自己的情绪、兴趣或利益,还要考虑别人的需要和利益,双方达成某种妥协,才能共享活动的快乐。这样,他们不仅个人得到锻炼和成长,学会了如何与人沟通交流,增强了团队意识,懂得了责任的重要性,从而更好地融入这个集体,热爱这个集体;而且也有助于他们改掉自己的毛病,成为班级建设的积极力量。同时,利用他们的才智分担班级的工作,让他们成为班级的左膀右臂,也会使班级的运行更加富有效率和创意。

成立这些非行政性的协会,也使你班级的文体活动有了独立、稳定的组织保证和人才保证。你就可以经常性地在班级举行各项竞赛活动:让学生能唱的尽情地唱,能跳的尽兴地跳,擅长书画的可以尽情地挥毫泼墨,擅长演讲的可以尽显纵横捭阖的风采……

其实,班级学生各类组织机构及其负责人,如班长及班委、组长、"史官"、

"法官"、协会会长之类，与社会上各级各类组织已经形成的治理结构十分近似，只是学生组织中相应职务没有社会生活的物质待遇作匹配。这种类似于游戏活动中角色担当的"拟仿行为"，可以培养学生在未来工作中的能力。它是一种可贵的体验，这些没有物质待遇的学生"领袖"，既可以体验到作为领导者看待问题的视点和方法，又有利于使自己成为对社会更负责任的公民。

此外，教师要正确认识和发挥班级干部的地位和作用。第一，你不能让班级干部成为减轻你工作负担的工具，他们毕竟是学生，学习是他们的第一要务，不要让他们陷于琐碎的"班级杂务"中，这些杂务应按学号顺序轮流安排全体同学做。第二，你要为他们搭建一个施展人际沟通能力、协调能力的平台，给予信息披露发布的优先权和具体切实的帮助指导，培养他们的工作能力和领袖气质。

同时你要切记，班级干部不能成为老师的宠儿。有些教师表扬学生时过于集中在那些表现机会较多的班干部身上，甚至把班级干部当成自己的"亲信"培养，恩宠有加，这对他们其实是一种伤害。因为班级干部是学生民主选举出来的，而不是根据教师个人好恶确定的。任何自尊心强的学生都害怕成为老师的宠儿，因为学生反对那些将自己排斥在同伴群体之外的角色。当教师特别"宠爱"一位学生时，容易使这位学生处于受嘲讽、责骂的境地，你没有权力为了满足自己的需要而这样做。

你还要切记，班干部不可以是告密者。有些新教师喜欢以"为了班级好"为由，并许以某种"好处"，背地里向班干部打听学生的违纪行为，然后按图索骥来处理学生。这让班级干部很为难：一方面是教师的信任和嘱托，另一方面是同学的感情和友谊。你想想，班干部前脚离开办公室，后脚就有同学进来受到惩罚，这是多么可怕的事情？教师无权制造这种恐怖和猜疑的气氛！这样做也陷班干部于告密者的"不义"境地，使同学孤立他们，班级工作开展的难度可想而知。所以，为了班级和学生的和谐健康发展，不能把监督的权利只交给少部分班干部，尤其是不能把这种权利秘密地授予他们，更不能把这种权利与他们个人的实际利益挂钩。

落实班规班约，规范班级秩序

教师感悟

我们强调尊重学生的个体自主性，并不意味着放任自流，而是要培养学生的"自我监控、自我指导、自我强化"的能力，更要培养学生的学习兴趣、求知欲望、好奇心和进取精神，使我们的学生逐步由知识型人才向创造型人才转变。

——刘自觉 载《人民教育》

刚刚踏上讲台的年轻教师充满激情，精力旺盛，往往被委以重任——担任班主任。接手一个新班，和学生朝夕相处，按照自己的治班方略施展宏伟蓝图，想象着自己的班级秩序井然、成绩突出，这是件多么令人神往的事情。

距离 9 月 1 日开学还有一个月的时间，我就豪情满怀地忙开了。先是向经验丰富的老班主任悉心讨教治班规则，甚至将他们的班规班纪一一抄来，加以借鉴；再是查阅资料，翻看《班主任之友》，寻求法宝。经过反复考量，仔细推敲，终于在开学前制订了详细的班规，"必须……不准……"洋洋洒洒共30 多条，其间的辛苦自是不必多说。

开学的第一天，我就将班规发给学生，并逐条进行了解读。"同学们。明白了吗？""明白了！"从学生整齐响亮的回答中，我仿佛看到班级工作在班规的约束下，如同工厂的自动化生产线，井井有条、按部就班地进行着。

然而，事实完全出乎我的意料，我就像消防员，一天到晚不停地处理班级事务，而这些事情早就在班规里清清楚楚地写明了。班主任的负担太重了，既是警察又是法官，几乎整天泡在班级里。就这样家长还不满意："初一的孩子，不许这样，不准那些，孩子在学校提心吊胆，唯恐违规扣分，哪还有快乐幸福可言？"

从与政教主任的谈话中我了解到，我的负担是不科学的管理方法造成的。班级管理不能是班主任一个人高高在上发号施令。一个人看管 40 多个学生，是看不过来的。如果每个人自己管好自己，整个班级自然就会好起来。

"解铃还须系铃人"，改革还是从"班规"入手。

这一次，我发动全体学生充分讨论"作为一名中学生应该怎样做"。很快，学生自己制订的"班规"出台了。配合班规的实施，还成立了"班级裁判庭"，学生的事情由他们自己处理。随着班规的实施，学生的自主管理越来越显示出强大的生命力。逐渐地。"班规"的内容在增多，条目在增加，我越发轻松下来。

教师的负担有时候是自我找寻、自我增加的，有智慧的教师会尊重、信任学生，激发学生的自我管理意识，这样，教师就会在轻松愉快中和学生共建班级，共享成功。

你要明白，教师不能只做学生活动的监护人和严厉的执法者。宣布一些规定，让所有的学生都按此行事，然后教师只需查处违规者，杀一儆百，这是典型的管教式教育。对教师来说，最为简单，操作起来也很省事，而且不会有犯错的危险，必要时还可以搬出一些大道理一类的条条框框或至理名言来压人。

这样一种理直气壮的教育方法，对学生的平等意识、民主思想以及人文精神的扼杀是巨大的。

你首先要了解学生，尊重学生，相信学生。从表面上看，教师与学生，一方是管理者，一方是被管理者，双方地位是对立的。然而另一方面，你要抛弃管理至上、管理万能的观念，因为共同的教育目标（即学生的学习目标）决定了师生在管理过程中合作的可能性大大超过了他们之间的排斥与对立，学生完全可以成为管理活动的主人。

制订出一部能涵盖班级生活各个方面的完备班规，对教师是一个很好的教育实践过程，这个过程最容易触摸到教育的本质。如果我们立足真实的课堂情境（甚至可以借助角色扮演），在与学生讨论协商的基础上，就能使学生将规则和行为定型化，例如"遵守课堂纪律"的条款就可以具体化为详细、明确、严密且具有强制措施的班规："课堂上应该认真听讲，积极参与。不允许有任何妨碍课堂纪律的行为，如嬉笑聊天、追逐打闹、玩游戏、听音乐、看小说等，违者将视情节轻重受到班内警告、罚劳动和停课反省、通知家长的处罚。"不管你与学生订立的是什么规则，重要的是解释每条规则的基本原理，这样，在体现其重要性和价值的同时，教师和规则也变得更可靠、更可信。

制定班规的工作面广量大，不是几个任课老师的事，必须广泛征集全班意见。你可以把班规分成"课堂纪律"、"学习常规"、"清洁卫生"、"值日生"、"班干部"、"宿舍"等部分；再把学生分成相应的"立法小组"，承担相应工作。这样，每一位学生就不是一个固定棋盘上扮演固定角色的被动棋子，而是复杂的班级生活场景中可以主动发挥作用的主体。

制定班规一定要以学生的真实生活内容为基础组织集体反复讨论修改。班规是否合适要看其适用的具体对象、场合，重要的是让每一位同学有平等、足够的机会参与。学生需要规范，但规范不能以强逼的方式加在学生身上，而是要取得学生的共识后，他才可能心甘情愿地遵从。

制订的过程就是讨论学习的过程，也是学生表达自己利益诉求，从而有可能反思、重建、提高自己学习生活品质的过程。只有让学生明白一切规定的来龙去脉，他们才能理解执行，这样的班规才是民主的、可操作的、有生命力的、水到渠成的。为便于学生理解遵守，班规要尽可能简洁明了，像金鱼缸一样公开透明，清清楚楚。

班规还要有专门的处罚条款，对违反班规的行为制定具体的惩罚措施，并按照班级干部的职责明确分工执行。处罚要有渐进性，措施要可执行。在处罚学生时你要遵循"火炉法则"，它有两个含义：一是触犯规则就要立即受到惩罚，就好比一伸手触摸火炉就会被烫伤。二是违反规则的程度有多严重，接受的惩罚的力度就有多大。就好比你接触火炉的面积多大，你被烫伤的范围就有多大。

轻微的处罚措施是让责任人做好事弥补，学生不仅为他们的过错做出补偿，而且还要通过贡献某种好事来超额补偿。如值日工作没做好除了补做、重做外，还要额外罚做；欺负他人的学生除了向被欺负的学生赔偿损失并道歉外，还需要以劳动的方式向全班同学道歉。渐次严厉的处罚包括班级通报批评、取消班级活动资格或有关荣誉、通知家长、报请年级或学校处分。这些惩罚类型的运用，要根据学生的错误类型和性格特点，有时可以给学生提供选择的机会。

教师要特别注意不能制定出超越教师权力、侵犯学生权利、影响学校声誉的处罚措施，一定要向老教师和学校分管部门的领导多请教、多汇报，使班规与法律法规、学校的规章精神一致。如果你的班规有"违反课堂纪律者在走廊上罚站"这样的条款，相信过不了多久校长就会找你谈话。因为这首先涉嫌变相体罚，而且也没有哪一所学校会允许上课期间班级的走廊上站一排学生这样怪异的风景存在。此时如果你对其进行修改和调整不仅向学生传达混乱的信息，也会使你和班规的权威受到损害。

规则的产生过程是水，是温和的，可变的；在形成过程中被质疑、反思很正常，形成一套规则是一个持续性的、花时间使其达到完美的过程。但规则一经产生通过，它就是剑，是刚性的，不容讨价还价。教师要尽量在执行过程中保持规则的稳定性、公正性、连贯性、一致性。否则，你所有设立规则的工作都将失去权威和尊严，变得毫无意义。

规则是全班学生智慧的结晶，它凝聚了师生的意志追求和理想，当然也就有它的神圣性和指向性。规则来自集体，是集体意志的体现，所以还得利用集体的力量让学生记住这些规则并内化为习惯。比如，你可以把制订好了的班规让每个学生抄录下来，熟记在心，并将其打印装裱，悬挂于教室前面墙上班徽侧面的位置，以便学生随时诵读、随时查验、随时对照，发挥它独特的监督作用。同时，借助强制性的集体意志力量可以将班规从规范学生的外部行为内化为学生的习惯，并深化为约束人的一种强大的集体力量、精神力量、文化力量。

还可以设立多种情境，通过全体宣誓、教师解读、接受访谈、组际竞赛等热火朝天的活动，营造浓烈的气氛，让每条规则像空气一样进入学生的毛孔，溶化到血液里，内化为自觉遵守规则、维护规则尊严的热力和激情。

你要为学生创造这样一种规范文化：当个人违背班规时，不要怨天尤人、无所适从，重要的是重温班规，向它倾诉，和它交流。最有权威的是班规而不是教师和班级干部，我们每个人都应当维护班规，为其服务，为其效力。

教师还要明白，规则的完美关键体现在落实上，最忌"规则满墙是，个个不落实"。你不要以为规则制定得很严密，而且也跟学生交代清楚就万事大吉了，教育可没有这么简单！学生毕竟是学生，违反班规，接受批评惩罚，再违反，再批评惩罚……是其生活的常态。教师的选择只能是：与其在出问题时金刚怒目、大发雷霆，不如时刻心平气和、审慎严谨地对照检查。。

　　很多教师面临的一个问题是自身对规则感受不够强烈，检查督促时紧时松，不能始终密切有效地监管学生；或者实行大包大揽、保姆式管理的方式，被学生掌握了"规律"。这样，在抓到一些违规学生的同时放过了另一些违规者，让学生产生侥幸心理，降低了规则的权威性；同时，被学生摸透了规律的教师也是没有威信的。

　　还有的教师在规则面前表现出不一致，对规则执行不坚决，使规则产生许多例外。比如不能公平对每一个违规者，尤其是教师喜欢的学生违规时，常常会心软而"放他一马"。这种不一致使班规受辱，教师的公正形象也大打折扣，班级会出现难以控制的管理问题，以后恢复正常就极为困难。

　　同时，你一定要有自知之明，有所为有所不为。能做的事情就立即做，而且要做得坚决、彻底。不能做或者把握不大的事情就放弃或暂缓做。如果选择放弃或缓做时与班规发生冲突，那就要对规则作出相应的修改说明。因为有了制度却不执行会让学生感觉到制度也可以不遵守，这是极其有害的。

形成凝聚力，培养荣誉感

教师感悟

人是一种群居的情感动物，对群体的认同可以说是人的本能，每一个人都有与生俱来的荣誉感，这是集体精神的来源。特别是一旦面临竞争，哪怕是对集体再没感觉的人，荣誉感也会油然而被激发出来。学校里会有许多对抗性很强的赛事，如运动会、班级间的各类体育竞赛，这是进行集体主义教育的最佳时机。

——卢军载《教师成长关键词》

　　学生们将男女生在一起学习、工作、活动视作异常，男女生在做起事来总是疑虑重重，很不自然。学生们之间隔了一道无形的鸿沟，一堵坚厚的高墙。针对这种情况，我决定给学生们上一节特殊的班会课。

　　星期一下午一上课，我就把学生拉到操场上，把他们分成男生队、女生队和男女生混合队进行拔河比赛。在比赛中，我把其中任何一方的人去掉1～2人，那个队立即就被对方拉了过去。特别是男女生混合队，我把其中一方去掉男生后立即就败，去掉女生后也是立即就败。比赛后，我向全班学生提出了一个问题："拔河比赛中，为什么有的队会赢，有的队会输，这说明了什么呢？请同学们思考一下，然后分小组讨论。"

　　王伟伟同学第一个发言，她说："通过这次活动，我懂得了团结就是力量的深刻含义。任何一方的同学不团结，劲不往一处使，他们就会落败。同样，一个班级也是一样，男女同学之间，男同学之间，女同学之间只有互相帮助，互相爱护，互相关心，团结一致，才能使我们班立于不败之地。"

张立同学说："每个人都有自己的位置，自己的希望，但希望要付出努力。一个班犹如一列火车，男生和女生犹如火车的前后两个车头，每个人犹如火车的每一节车厢，只有团结一致，一个拉一个推，共同努力，才能快速前进。"

他的话音刚落，其他学生也纷纷举手，站起来发表自己的看法。他们的发言很诚恳也很深刻。我也说出了目前我们班的情况，分析了这种现象产生的根源和危害性，讲述了"众人拾柴火焰高"和"众志成城"的故事。我号召大家团结一致，为创立一个良好的班级而努力。

不久，班里开展了"一帮一""手拉手"学习兴趣小组的活动。学生们自觉自愿地结对子，互帮互助，团结一致。男女生一起讨论问题，一起活动，共同商量班级工作，共同提高。他们高兴地说："我们在帮别人的同时，也为自己创立了一个良好的学习环境，为我们的学习开辟了一条阳光大道。在这样的集体中学习，我们感到很愉快，很惬意。"一个团结、向上、充满活力的班集体正逐步形成。学生们有了好的心境，各方面也有了明显改变。他们不再封闭，在班会课上纷纷打开自己的心扉，诉说自己的心里话，给班干部和老师提建议，改善学习环境。期末考试中，我们班有十几名同学得到奖学金，年级前五名我们班占了两个名额。

每个人的成功离不开集体。一个团结、向上的集体是我们成功的良好载体。因此，作为教师，面对学生们生理成熟和心理变化过程中出现的问题时，应该给学生营造一个良好、健康的舆论环境，一个思考的氛围。教师应该致力于成功集体的塑造，只有成功的集体才能培养出更多成功的个人。

一个集体如果不开展活动就不能成为真正的集体，更难以产生凝聚力。要想使集体活动能吸引学生积极参与、有效开展，必须符合四个要素：差异化、趣味化、竞赛化、有奖励。

教师要尽量做到不强行让所有学生参加同一种活动，否则既降低了活动质量，又会使学生对活动产生排斥心理。你要根据学生丰富多彩的个性特点和兴趣能力倾向，尽可能使活动名目繁多，这也是学生生活丰富多彩的反映。

为了满足青少年争强好胜、喜欢挑战的心理，你还要千方百计地使活动竞赛化，如举办演讲比赛、诵读比赛、才艺大赛、各项体育竞赛、劳动竞赛、辩论比赛等。即使看似枯燥的学习，你也可以使用竞争策略，巧妙地将学生天生的"好斗"潜能激发并合理运用在教学之中，比如设置各种类型的学习竞赛使其变得刺激、有趣，如纠正错别字竞赛、单词听写竞赛。甚至在课堂上你都可以把教学内容设计成若干答案明确、简洁的竞赛题，由学生抢答，让课堂变得紧张有趣，营造一个和谐、积极、上进、快乐、健康的竞争课堂。

学生的潜能是一个有待开发的丰富矿藏，但大多数时候处于沉睡状态之中。一旦让竞争唤醒并激发出这种潜能，一定会给我们带来意想不到的惊喜。比赛凝聚人心，比赛的过程就是凝聚全班的过程。如果一个班级几乎每天都有竞赛活动，每天都有"冠军"产生，不仅会锻炼、拓展、提高学生多方面的能力，形成一种求上进、争先进的风气，还会大大促进学生对集体的认同，让学生觉得生活在自己的班级真有趣，真刺激，真幸福。这时，你不必向学生灌输集体主义思想，学生自然会由衷热爱并依赖这个集体，这就达到了"不教之教"的目的。

班级常规管理是许多教师最头疼的事，苦口婆心的规劝和严厉的批评惩罚所起作用毕竟有限。如果你有意识地把出勤记录、作业收交、公物保护、卫生值日、自习课纪律等常规内容纳入以小组为单位的班级竞赛，在集体内部创造竞争氛围，让小组每个成员在竞争中形成荣辱意识，让小组每个成员自觉发挥监督、教育作用，一定会起到教师无法代替的作用。需要强调的是，这些比赛不要突出个体之间的竞争，而是要强调小组总成绩之间的抗衡。这样集体就会形成你追我赶、百舸争流的气氛，这种竞争气氛有利于互相督促、互相帮助、共同进步，从而形成一种为团队而努力的精神。

任何集体竞赛活动，要想取得好的效果，一定要在尽可能的条件下做得"专业"一点。

首先组织要严密，包括动员选手参赛、为参赛选手提供各种服务（如饮食供应、搀扶护助）、组织拉拉队鼓劲等；尤其要组织好记录、报道工作，把学生在赛场拼搏的感人场景用文字和图像记录并传播，使之成为班级精神的一部分。虽然其中的大部分工作可以让学生去完成，但教师的重视无疑会有助于强化学生的参与意识、奉献意识。而且有些事情必须由你亲力亲为才行，比如你要对学生有无不适应剧烈运动的病史等重大安全问题负责。

在这些对抗性、竞争性强的集体活动中，你一定要坚持自始至终在现场。老师在场是对学生最有力的鼓舞，学生都有一种好在老师面前表现的冲动，学生也特别在意失败后教师给他们的安慰，你不能忽略学生的这种朴素感情。有些教师"放手"让学生自行去组织这些活动，自己却不闻不问，这样，学生也难以全情投入，不利于集体归属感的增强。同时，教师亲临现场也是应付突发事件的需要。

当然，教师还要有正确的"输赢观"，不能陷入褊狭自私的虚荣中，更不能因竞赛成绩不好而抱怨学生。培养学生的游戏精神和规则意识更为重要，集体荣誉感不能演变成"赢得输不得"的集体虚妄感。其实，比赛结果并不重要，发动的过程、准备的过程、比赛的过程就是很好的集体主义教育的过程。

以下这位同学的记叙值得为师者反省：

泪，终于还是落下来了。强忍了 40 分钟，终于在老师"你们真能干，捧回来个大鸭蛋"这句半真半假的玩笑话中，眼泪不争气地落了下来。老师这句半真半假的话有千斤重。毕竟，0∶15 丢了老师的脸，丢了 1 班的脸！

可是比赛中有谁问过我们："头击中了，要不要紧？"有谁说过："不要慌，慢慢打！"有谁大声呐喊："1 班，要加油！"亲爱的老师，我们打球的时候，您匆忙的身影在哪儿呢？我们开始慌张无措的时候，您深沉的言语又在哪儿呢？

我们失败了，以 0∶15 告终。6 个女孩聚在一起，互相望着，看着，我们对自己说："不能哭，哭是无能的表现！我们不会甘心，好好练球，以崭新的姿态重展风采！"我们互相誓言，微笑着走出排球场。

可是微笑的背后，是带着血迹的泪痕。卷起衣袖，手臂上点点淤血闪现，那是苦练的伤痕；小腿酸痛红肿，是一不小心接球跌倒的伤痕。赛场上，我们努力寻找机会，无奈技不如人，我们总是失败多，所得少，结果，彻头彻尾地输了。

虚假的笑容遮掩不了内心的痛楚。可是我们必须振作，倒下去，要站起来。老师，我们要更好地站起来，这才是我们真正的风采，高一(1)班的风采！

丰富课余生活，营造书香教室

教师感悟

诗意不单单是风花雪月的吟唱，更是一种人文情怀。诗意的心灵，是美好道德和品质的创造者。一个学生一旦具有了诗意的情怀，他便会热爱生活、尊重生命、完善自我，会让自己具有良好的道德修养和人文修养，会具有健全的人格和健康的心灵。诗意的班级应该是立体构建成的多维度的心灵绿色环境。作为班级建设的主导者，班主任首先得成为一个拥有诗意情怀的智者。

——叶芳 载《班主任之友》

那堂音乐课，那堂我最喜欢的音乐课，那堂让同学们难以忘却的音乐课……

星期四下午，音乐老师有事不在，照例通知改上自习课。"唉！"一声声叹息，一声声抱怨，夸张一点说是如雷贯耳，简直要震坍了教室。同学们极不高兴地拿起书本，提起笔来。这时候，班主任卢老师走了进来，对我们说，"音乐老师不在，这堂音乐课大家来上，我们开一个演唱会，想唱歌的同学到台上展示一下，怎么样？"霎时，掌声雷动得能掀翻教室，大家恨不得将卢老师举起来。

开始了！文娱委员徐丽丽担当主持，极富创意的侯小天还关了教室的灯，将投影仪的强光打到讲台上，这更增加了舞台效果。我们班的"著名歌星"杨海蓉首先唱了一首流行歌，很好听，可是歌词我听不太懂，好像是关于爱情方面的。接着又有几位"歌手"自告奋勇，登台献上了一首首"拿嘴好歌"，虽然他们如痴如醉地投入，我也像其他同学一样报以热烈掌声，可感觉总好像是一个味，我不太喜欢。

卢老师似乎也有点不满意，含蓄地说了一句："让我们换换口味，下面大家点歌！我先来！"班上顿时安静了下来，卢老师先点的是《童年》，接着又点了《橄榄树》、《外婆的澎湖湾》、《兰花草》……这些歌果然好听，感觉好像把我们带到了无忧无虑的纯真年代。只是会唱的人渐渐少了，只有"歌星"杨海蓉能从头唱到尾。后来卢老师又叫同学们点歌，可同学们点的谁都能唱得烂熟，一点悬念也没有。于是卢老师点了他上大学时最爱唱的歌，有《大约在冬季》、《一剪梅》等，刚才在台上尽显风流的"歌星"、"歌手"们都"噤若寒蝉"了……在同学们的一致要求下，卢老师把这些歌一字不拉地唱了。我们好像在很久以前都听过，是蛮有味的，难怪卢老师喜欢得至今念念不忘。真没想到卢老师的嗓音还不赖。我突然想到了一个问题，按道理说我也是爱唱歌的了，可是我这才发觉自己其实只会唱一些歌的片断，能像卢老师这样把十几年前的老歌从头至尾唱下来的并没有几首。

可巧的是卢老师果然叫我们讨论这个问题了：为什么现在的歌曲大多数人只能唱一部分而记不清完整的歌词？没想到这个问题还真有普遍性呢，许多同学有同感。经过讨论，大家认为这是由于现在许多歌曲不像以前的歌曲那样通顺连贯、意思明确。以前那些欢快、有趣、朗朗上口、通俗又富有诗意的老歌像恐龙一样绝种了，现在这些"劲歌"内容太单一，除了相思、失恋、苦闷、寂寞，就没别的什么了。内容也空洞，好像从来没有完整的意思，没有印象深刻的意境，真是一点"劲"都没有。有的干脆句子都不通！虽然我也听，也会唱，但过了几天就忘了，就是没有听老歌时那种百听不厌、心旷神怡的感觉。这真是一个值得深思和反省的问题。

最后，卢老师点的一首歌又把我们带到了更久远的时代：他上小学时刚流行的一首歌《我的中国心》，这歌我们都会唱，卢老师欣慰地笑了。于是做"张明敏状"，先自唱了起来，大家也受了感染，跟着齐唱……

丰富学生的课余生活，提高学生的文化品味和情趣，要求教师能利用一切机会与学生进行跨文化的对话与交流。上面介绍的卢老师的做法非常值得借鉴。

教师在丰富学生课余生活时，要努力把阅读作为重点。教师要用言行让学生感到读书的魅力而不要空谈读书的重要性。比如，你要让学生感到读书使你博学多才，谈吐挥洒不凡，生活富于情趣，个人拥有更多更好的发展机会……总之，要让学生看到读书正面的例子。如果教师是一个不明事理的书呆子、头脑"一根筋"的愤青、生活质量低劣的"破落户"。那只能让学生怀疑读书的作用，因为他没有好的榜样。

一些新教师刚从大学的象牙塔走来，浑身透着书卷气，营造书香教室是你顺理成章的工作。

首先你要对学生的读书情况进行调查，虽然我们不能强行规定学生的阅读范围，但毕竟要针对学生实际进行提倡和指导。

其次我们要向学生推荐书。这些书应符合下列特点：阅读者最多，经久不衰的畅销书；通俗易懂，面向大众的；不会落后于时代，不因为政治风云的改变而失去价值的，隽永耐读；有影响力，富于启发教育意义的；探讨人生长期未解决的问题，在某个领域具有突破性意义的进展。

阅读有阶段性和"季节性"，所以你推荐的书不能超越或滞后于学生的阅读接受能力。小学应侧重于童话、科幻类，初中则应以文学名著、科技读物为主，到了高中则应偏重于理性，以历史、经济、人物传记为主。少年是天生的诗人，诗歌的跳跃灵动不是其他任何文学作品所能代替的。所以，唐诗宋词、当代经典诗歌应跨越一切年龄段学生，不仅要朗读，而且还要求背诵。

建立一定质量的班级图书库是营造书香教室的物质保证，书的来源主要靠爱心捐助、感动传递。你自己首先要做一个"捐书大户"，然后大张旗鼓地开展捐书活动，号召学生捐出自己最喜欢的一本书，并写好捐者姓名和捐书理由，贴在书后作为"感动书签"流芳全班。鼓励多捐，产权归个人所有，全班共享，规范管理。为了保证所捐图书的质量，可以要求所捐图书必须是"近十年内出版、约七成新以上的文学类、社科类、自然科学类甚至医疗卫生保健类等其他综合类书籍"

然后定期举行"图书漂流"活动。具体做法是用课桌搭建一个临时"漂流书架"，把这些书放在"漂流书架"上，每个人看到中意的可以随意取阅。读完后，将书放回"漂流书架"，继续"放漂"，再选择自己想看的书。有想"放漂"的书，可随时放上书架，与人分享……

唯一要向学生提出的一个具体要求是：每读完一本书，一定要写一段读后感言作为新的"感动书签"，紧贴到原来的"感动书签"后面，传递给下一位读者；没有"感动书签"的图书就像没有双桨的航船，不允许漂流……

这种让书籍在班级同学之间传递阅览的"图书漂流"的好处很多：一是可以发挥一本书的最大价值，二是改变了埋头读书缺少交流的习惯，三是打破了同学之间的隔膜，使人际关系充满诚信和温馨。"图书漂流"让教室漂流书香、漂流知识、漂流文明。既省却了烦琐的借阅手续，又没有了开放时间的限制。

这样，下课在教室里，在走廊上，四处都有书看，随便翻翻都能有所收获。它所带来的好处显而易见，你会发现：那些课间喜欢打打闹闹的学生与书为友，变得文质彬彬了；自习课喜欢讲话惹事的学生在完成作业后也能埋首书海，变得安安静静了。

要想使读书活动深入持久地开展下去，你还要定期举办读书沙龙、竞赛等活动来激发鼓动学生。一个最切实、最具互动性的办法就是统计每本书的"感动书签"数量（流动频率），用以评价荐书质量，产生"最佳推荐者"奖；收集选编每本书的"感动书签"，根据其内容评比出"最佳读者"奖。奖品自然是学生最心仪的一本书。

还可以在黑板报上开辟读书专栏，出阅读专号，选登阅读感言，师生共写书评，着重介绍书或文章的出处梗概、精彩之笔及推荐的理由；或者开展各种诵读活动，如推选朗诵水平高的同学精选短小美文，轮流朗读给学生听；或者举办经典诗词诵读大赛，把阅读变成一个全方位、高品位的视听享受过程。

对一些具有潜质的"读书种子"（每个班级总会有三五个这样的学生）你可以适当地为他们"开小灶"，在借阅图书、交流心得等方面提供更大的便利。要知道，你的额外付出有可能会影响学生一辈子。

为了让学生切实感到读书的作用，教师可以事先准备一些答案就在书中的问题，让学生查书探究，合作解决。你要让学生明白为写一篇文章而读十本书是读书的高境界，并愿意乐此不疲。这不仅能让书香更持久浓烈，而且也培养了学生的研究意识。

为了让读书的空气更加浓厚，教师也要消除干扰和惰性，抽出时间与学生一起阅读，这有利于师生互相激励、互相督促，每天中午就是一个很好的时间段。同时，教师自己也要成为阅读方面的行家。你可以结合自己的学科教学，经常向学生介绍阅读不同读物的方法，如何阅读科技实用型的书，如何阅读童话、神话、武侠小说等文学作品，如何阅读历史书籍等。针对不同阅读水平和阅读目的的学生，还要对阅读进行一些简单的分类以便指导，如可以把阅读分成基础阅读、检视阅读、分析阅读、主题阅读等层次。并在此基础分别提炼出一些具体的操作方法。比如，在分析阅读里，可以向学生介绍找关键字句、找主旨、找论述、找解答等具体技巧。在科学方法指导下，每天坚持和全班同学一起阅读 40 分钟课外书，不仅能成就学生，也能成就教师。

先生之风

山高水长

第八章

沟通

团结协作，
共同打造和谐校园

　　良好的校风不能仅仅依靠教师一个人来形成。必须要教师、学生、家长、校长各方协力，才能打造出和谐发展的优秀学校。在这个过程中，师生之间的沟通、教师之间的协作、家校之间的配合都起着非常关键的作用。

和学生沟通，构建温馨的师生关系

教师感悟

孩子的情感是极为丰富的，同时也是极为敏感的。一个不经意的眼神，一句随意的话语，也许教师自己并不会意识到什么，但却可能在孩子幼小的心灵上留下永恒的记忆。尊重学生的人格，呵护学生的心灵，为孩子支撑起一片蔚蓝的天空，让每个孩子都沐浴爱的阳光是教师的神圣职责。

——王国富 载《德育报》

　　记得第一次带班时，我发现孩子们在我面前总是显得很拘束，眼里总是闪现出一些害怕的神情。从他们的眼神中，我可以看出，他们对我是敬畏多于喜爱，也许是因为我是男老师吧。

　　为了缩短与孩子们的距离，下课后，我主动与孩子们一起做游戏。在游戏中，我把自己当成他们中的一员，使自己成为他们的亲密伙伴，一个真正的朋友。我与孩子们一起下棋、打乒乓球，甚至还和他们一起玩溜溜球，和他们一起做幸运星。我把自己知道的东西告诉孩子们，孩子们也发现我知道的东西很多，总是向我问这问那。他们还说我下棋、打乒乓球、踢足球都很棒，学做幸运星、学溜溜球很快，他们认为我很聪明。从他们的言行中，我发现孩子们接受我了，已经把我当成了他们的朋友。有时，他们对我有些崇拜。在一种轻松、和谐、自然的状态下，师生间的鸿沟不见了，灿烂的笑容洋溢在我们每个人的脸上。我发现再顽皮的孩子对我的要求也是"言听计从"。

有一天，班里几个学生来到我面前，对我说："潘老师，我们想到您家去玩，您看行吗？"望着孩子们一双双期盼的眼睛，我欣然的同意了。不过，作为交换条件，我要求他们在期末考试时要取得好成绩。孩子们想也不想，就爽快地答应了。事后，孩子们个个学习很努力，而且非常自觉、主动。果然，他们期末考试的成绩都很棒。于是，在暑假的一天，我邀请了这些小客人来到我家。这些孩子一进我家，就东瞧瞧，西望望；摸摸这，碰碰那。我发现他们对我的书橱和电脑很感兴趣，于是，我就打开电脑，和孩子们一起玩游戏，孩子们高兴得手舞足蹈。

从那以后，孩子们就成了我家的常客。每到双休日，或只要我在家，他们就会打来电话，与我约好时间，三五成群地来我家玩。在我家，经常会召开一些小干部会议和班级情况座谈会。在与孩子们亲切、自然的交谈中，我了解到了孩子们之间的许多小秘密，这样就可以使我及时地调整工作计划，设计、组织一些孩子们喜欢的活动。在与孩子们的交谈中，他们给了我许多好的建议，使我产生了许多有意思的设想，激发了我许多灵感。我觉得与孩子们在一起是一件非常快乐的事情，从他们身上我学到了很多东西。

世界上唯有孩子的心是简单而透明，它没有长大成人之后进入社会的成熟和世故，各种情绪都是那么简单地表现出来。可以说，进入一个孩子的内心世界是再简单不过的事。有的教师却不愿意花心思去与学生沟通，只是讲课、批作业、布置任务，简单而机械地做自己的工作。这样的工作方法是不对的。学生不是魔方，不是只要你把他们放在自己所应该在的位置就可以了。他们是有情感的人，什么事如若与情感扯上关系，那么运用合理，做起事来就会事半功倍；不合理，就会使你的工作难上加难。

教师应该在教学工作上充分地与自己的学生进行沟通。走进他们的情感世界后，你就会发现，所有困难都迎刃而解，而且处处都充满了温情与乐趣。

目前很多教师都意识到了与学生沟通的重要性，但在具体细节中如何沟通还需要教师仔细推敲、认真分析。作为一个系统工程，现代教育显然复杂而浩大。很多老师虽然关爱学生、努力工作，却因为不懂得沟通的技巧，还是得不到学生们发自内心的欢迎。他们也因此始终与骨干教师的行列遥遥相望。

成功学之父卡耐基说过，一个人事业上的成功，只有15%是由于他的专业技术，另外的85%要靠沟通技巧。

所以，教师在与学生的沟通中，不但可以通过有效的交流使学生们的学习水平有所提高，而且还能让教师调动起自身在教学中的积极性，增强各种管理能力。可以说，学会沟通这项基本功无论对教师还是学生，都是有百利而无一害的。

在教学中，教师通过哪些场景来与学生进行沟通呢？

1.“民主测评”促沟通

为缩短与学生的心理距离，使老师能清晰地知道自己在学生中的受信任度，让学生消除老师的高高在上感，在班上每隔一段时间，同学与同学、同学与教师之间进行相互评价，要求学生进行民主测评时把教师也加进去，对老师的各个方面进行实事求是的评价，并写一句希望的话，把评价情况悄悄传给老师。第一次评价，同学们可能还不是很大胆，慢慢地就会越来越大胆了。

这能促使教师不断改进自己的工作方法，老师也会明显感到与同学们的距离越来越近。

2.“说烦恼”促沟通

学生有许多烦恼，但却很少向老师诉说，究其原因是对老师还不够信任，也可能是首先老师对学生的信任度还不够。根据这一情况，可组织同学们开展以“说烦恼、齐帮忙”为主题的班队会，并且教师首先对同学倾诉了自己的烦恼，请同学帮忙出出主意，同学们会十分热心地帮老师想办法、出主意，老师再真心感谢他们。这样，同学们也乐于把自己的烦恼说出来了。

3.“多商量”促沟通

有些教师对学生总是不放心，对他们不够自信，认为他们是小孩子，不会有什么大的想法，所以不管学校安排什么事情，都是教师说了算，然后安排给他们去做，无形中造成了与学生之间的心理距离。不妨运用“多商量”的办法，学校有关的任务，班级里遇到的问题，在处理前尽量与班上的同学、班干部商量如何去做；老师有此举动；学生们会十分积极，想到的方法一定会让老师刮目相看。

4.“勤聊天”促沟通

“勤聊天”是与学生沟通必不可少的方法，教师可根据情况采用多种聊天方式，如课下与学生聊学习、聊生活、聊天文地理等等，从中了解他们感兴趣的事物，掌握他们的平时生活情况，并适时给予指导；对性格内向、学习困难或桀骜不驯等类型的同学，多与他们单独聊天，充分表达关爱、欣赏之情。通过聊天，可以对学生的内心有更多的了解，学生对教师的感情也会与日俱增。

5.“悄悄话”促沟通

在班上设置“心灵对白”角，让每个孩子都有一个属于自己的小口袋，其中也有一个口袋是属于老师的。班上的老师、同学对谁有什么悄悄话要说，都可以写字条封好放在属于那个人的口袋里。通过"心灵对白"角，老师可经常收到学生的悄悄话，也可以常给学生们说说悄悄话；悄悄话让老师和孩子们成为了秘密的共同守护者，成为了亲密无间、共同进步的好朋友。

6."参与活动"促沟通

游戏活动是青少年非常喜爱的一种形式，和学生一起游戏是吸引、团结、引导学生，与学生沟通的一种重要手段。可和他们一起玩各种体育游戏、文娱游戏、军事游戏等，和他们一样兴高采烈、乐此不疲，孩子们自然把老师当成他们的朋友，沟通也变得十分容易。教师则可在此氛围下利用游戏有意识地培养同学们良好的道德品质和集体主义精神,引导他们开展健康有益的游戏活动。体验活动也为同学们所常开展，在体验活动中学生们亲自实践，内心的各种感受十分深刻；老师可有选择地参与他们的一些体验活动，如"卖报一日"活动，一起到报社领报纸，一起到街头叫卖，一起讨论卖报的好办法，一起分享卖报的成功或挫折。学生们把老师当成了知心朋友，老师也会深深感到：与孩子们沟通的感觉真好！

教师的工作实施对象主要是学生，想把工作目标完成得漂亮而有效率，就得多在与学生的良好沟通上下工夫。

和家长沟通，良好的家校沟通让教育更有效

教师感悟

现代的学校教育，需要家长和全社会的积极参与；家庭教育又是学校教育和社会教育无法代替的一种重要形式。因此老师在教育学生时，如何与家长处理好关系，如何与家长进行融洽的沟通交流就显得至关重要。教师与家长的沟通是一门艺术，是一种超越知识的智慧，更是检验是否为一名合格教师的标准之一。

——曹艳茹 载《班主任之友》

王政杰是初二(6)班一名异常特殊的学生。学习基础及学习态度都极差，平时又好惹是生非，总好"表现"自己，经常做一些与课堂纪律、校纪校规格格不入的事。家长表面还能与学校配合做一些教育工作，但收效甚微。这样的学生给班级学生与任课教师都带来极大的麻烦。在紧抓教学质量的今天，他无疑给教师教学任务的完成带来很多的障碍。

就拿我任教的英语学科来说，放学后留下来让其默写课文，效率极低，两小时内只默出两句话。第二天让他再巩固一遍，因其基础差，记忆力又差，大多产生了遗忘现象，前一天的努力算是白费了，这让我非常恼火，像这样的进程何时才能完成学习任务。

看来，这一学生必须要充分调动其家长的力量，光靠校内仅有的时间是远远不够的。

于是，我先在电话里与家长进行了一番沟通。当然，不能一棍子将其儿子打死。我先是肯定该生一些好的方面。如在上课认真听讲的情况下，表现还不错，能经常积极举手发言。平时也很热情，能帮助老师做一些小事。但也许是基础差了些，书写的内容中经常会出现一些错别字，因此给语文的进一步学习造成了很大的障碍。鉴于目前初中阶段，古诗文的比例高，学生确实很难接受。平时只要一有空，我就会帮助他进行一些内容的讲解。可如今由于回家后没能及时地复习巩固，成绩一时难以提高。此时，我完全站在为学生考虑的角度出发，为孩子提高成绩的角度着想，家长也比较容易接受。随后，便将其孩子在英语学习上的表现告知家长，希望能得到家长的大力配合。

这次的家访，我感觉到家长非常希望配合学校提高孩子的学习成绩。不久，我又找来了家长进行面谈，就其学习上存在的一些具体问题进行了深入的了解与沟通，并教给家长一些具体实在的指导方式。每逢考试前夕，我都会站在家长的立场，指导家长怎样帮助孩子复习以达到最有效的收获。这样一来，家长非常感激老师为他孩子所做的一切，同时也更积极协助学校教育好孩子。

一年来，王政杰的成绩有了很大提高，而且让我欣慰的是：我感觉到了来自家长的力量。

家长与老师有着共同的奋斗目标，教师不妨把家长看成自己的战斗伙伴，在你的教学工作中，让家长不时地帮上一把。

有了共同的目标，教师们应与家长结成统一战线；得到家长们的理解、支持，对教师的事业发展可以说是如虎添翼。

面对当前现状，教师在与家长的沟通交流时注意哪些方面的问题呢？也就是说，怎样与家长沟通才能使家长与你结成统一战线？

1. 尊重每一位家长

教师在与家长沟通交流时态度要热情、诚恳，力求创造一个和谐、轻松、愉快的氛围。应本着尊重、平等、合作的原则，争取家长的理解、支持和主动参加。不能出现对学习好的孩子家长就用好态度，而面对学习差的孩子家长就板起一副冷面孔，一味地批评指责；更不能对有权有钱的家长态度热情，对平民百姓家长又是另一张面孔。不论面对哪一种家长，教师都要注重热情有礼貌地接待，与家长坦诚相见、推心置腹，给人以和蔼可亲、诚恳实在的感觉，家长就会感受到老师的真心和诚意。只有尊重家长，与家长保持平等关系，才能赢得家长的尊敬和信赖，才能保证与家长顺利交谈。

2. 如何面对优生家长

（1）多报喜，少抱怨，委婉地指出不足。"金无足赤，人无完人。"要一分为二，突出优点，不要以点盖面。在班级管理中，老师常常会不自觉地集中关注班级中那些表现不好与成绩欠佳的学生身上的缺点，而对一部分学习成绩优秀的学生身上的不足却有所忽视。班上的优秀学生大多都头脑聪明，学习成绩好，有较好的学习习惯，受到的表扬和身上的光环也比较多。但因为聪明，学习较轻松，有较多空闲时间，没事的时候会变着花样带领其他学生疯玩、疯闹；有的为了名列前茅，会不择手段地打击"竞争者"；有的对老师的话也只听得进表扬，听不得批评；或者高傲自大，瞧不起学习差的学生，甚至欺负他们。一些家长只看到自己孩子学习成绩好，觉得自己孩子比别人聪明而沾沾自喜，视为"掌上明珠"，"感觉"良好。

面对这样的学生家长，应该多报喜，少抱怨。如果学生犯了错误，老师不要以点盖面地批评，一般情况也不必请家长，能在学校里解决的就在学校处理，就事论事，严格教育；如果情况比较复杂的、必须和家长沟通的，老师应该有确凿的事实和证据，再联系家长。告诉家长孩子最近有哪些好的表现，再委婉地指出最近犯的错误，并出示相关的证据，让家长心服口服。不要一见面就指出孩子的种种不是；家长因为听惯了赞扬，会一时接受不了你的满是批评的谈话内容，这样也就谈不上好的效果了。

(2) 希望家长严格要求，不娇惯，不溺爱，不袒护孩子。同与学生交流相比较，老师更应该与学生家长交流。因为隔代教育或多或少还是存在一些弊端；和孩子父母亲谈话，年龄相仿、经历相似，有共同语言，容易找到共同话题。现在的孩子大多是独生子女，家庭经济条件也比以前好，家里爸爸妈妈爱、爷爷奶奶疼、姥姥姥爷"痛"，过分的溺爱很容易把孩子惯坏。

所以，我们要做以下这样的交流：

让家里的人配合不要过分娇惯孩子，教育孩子有爱心，主动帮助弱小。

注重培养孩子良好的性格和健全的心理，培养孩子的创新意识、创新能力和进取精神。

教育引导孩子多读书，拓宽知识面，培养孩子的兴趣爱好和特长。

一手抓学生成绩，一手抓学生品德教育，不能只要高分，而忽视非智力因素的培养。

教育孩子不乱花钱，从小养成生活朴素的好习惯；让孩子做力所能及的家务劳动；孩子自己能做的事，尽量自己去做，不依赖家长，培养独立生活的能力。

　　3. 如何面对学困生家长

(1) 消除心理障碍，平等交流。诚恳地邀请家长来校，用微笑和热情的态度消除家长的不安情绪，为接下来的沟通扫除障碍。其实，大多学困生家长是很不情愿见孩子老师的，认为自己孩子学习成绩差、低人一等，怕老师瞧不起、批评指责，自己没脸见人。因此我们在与"学困生"家长的沟通中要注意方式方法，平等待人，不歧视、不讽刺挖苦，同时学会赏识，鼓起他们足够的信心。现在孩子的家长不容易，"学困生"的家长就更不容易。我们看到，一些班上有几位家长，一谈起来孩子，说起孩子的处境，提到孩子的学习，就泪流满面。如果我们再来一个"状告""责难"，那他们的心还不跌入地狱？老师可以先讲讲孩子的优点，挽回家长的一点自尊，并为之后的谈话，弹奏出和谐的前奏。消除家长的误会，鼓起家长的信心，平等交流，以形成一种教育合力，让"学困生"脱困，才是我们希望的风景。

(2) 因人而异，提出合理化的建议。有些家长忙于自己的生意或工作，只求孩子吃饱穿暖，为之提供较好的物质基础，基本无暇顾及孩子的学习。他们认为只要老师不告状，就说明孩子在学校还可以过得去。面对这样的家长，要寻找他的空闲时间见面，否则他会以没时间和你谈而推脱。谈话时真诚告诉家长，孩子作为家庭的独生子女，父母再忙，下午回家了也应该挤出时间多陪陪，多关心孩子的学习和身心健康，而不要等到以后自己有时间了却已来不及再后悔。要让家长对孩子予以重视，并明确努力方向。

有的孩子贪玩，放学回家不完成作业就看电视、玩电脑，或在外面疯跑不回家，连吃饭睡觉都找不到人，学习习惯不好，没有自觉性。面对这类孩子的家长，要告诉他们应该从孩子良好的学习、生活习惯抓起，家里可根据情况制订作息时间表，什么时候吃饭，什么时候写作业、玩电脑、看电视，什么时候睡觉等，同时家长必须严格执行，带头遵守，做好示范。还须提醒家长注意孩子生活习惯上某些细微情况，如：花钱上的要求，穿戴的变化，看什么课外书等，发现不良苗头马上采取措施。在学习方面要求认真写字，按时完成作业，并作课前预习和课后复习，争取取得优异的成绩。

　　还有部分家长确实文化水平有限，不懂得如何教育孩子，从而使得孩子出现这样那样的问题。教师面对他们时一定不要讥笑，要真心交给他方法。

　　长期拖欠作业的个别学生，家里或多或少都存在一些问题。所以建议家长给孩子准备一个小本子，让孩子记录每天的作业，并交由老师亲手签字，回家后家长再根据老师所签的内容，一一对学生学习任务进行检查辅导。

　　再好的孩子也会有不足之处，再差的孩子也会有闪光点。我们对孩子的评价要客观，不要把孩子说得无可挑剔，那样会使家长过分宠爱孩子，放松必要的管教；也不要把孩子说得一无是处，忌用否定的言词，切忌告状式，只讲孩子的不足会引起家长反感。我们要用发展的眼光看问题，要用热情感人的语言，促使家长满怀信心地进一步配合老师教育好孩子。

教师感悟

人与人之间的互动，就如坐跷跷板一样，不能永远固定某一端高而另一端低，就是要高低交替。这样整个过程才会好玩，才会快乐。一个永远不吃亏、不让步的人，即便真讨到了好处，也不会快乐。因为，自私的人如同坐在一个静止的跷跷板顶端，虽然维持了高高在上的优势位置，但整个人际互动却失去了应有的乐趣，对自己和对方都是一种遗憾。

——刘畅 载《德育报》

和同事沟通，取长补短才能共同进步

有这样一则故事：

从前，有一个幸运的人被上帝带去参观天堂和地狱。他们首先来到地狱，只见一群人，围着一个大锅肉汤，但这些人看来都瘦骨嶙峋、饥饿、绝望。仔细一看，每个人都拿着一只可以够到锅子的汤匙，但汤匙的柄比他们的手臂长，所以没法把东西送进嘴里。因此，他们看上去非常悲苦。紧接着，上帝带他进入另一个地方。这个地方和先前的地方完全一样：一锅汤、一群人、一样的长柄汤匙。但每个人都很快乐，吃得也很愉快。上帝告诉他，这就是天堂。这位参观者很迷惑：为什么情况相同的两个地方，结果却大不相同呢？最后，经过仔细观察，他终于找到了答案：原来，在地狱里的每个人都想着自己舀肉汤；而在天堂里的每一个人都在用汤匙喂对面的另一个人。结果，在地狱里的人都饥饿难耐、骨瘦如柴，而在天堂的人却面色红润、心广体胖。

这则故事告诉我们，无论做什么事情都要学会合作。个人的力量永远是有限的，而集体的力量则是无穷大的。与其闭门造车，不如共同进步。这也正如歌德所说，"不管努力的目标是什么，不管他干什么，他单枪匹马总是没有力量的。合作永远是一切善良思想的人的最高需要"。我们的成功，没有完全属于自己的，因为我们是社会人，每天不可避免地通过各种渠道、各种方式，接触到众多的伙伴、朋友和同事。这个时候，团队就起到不可忽视的作用，我们不可能完全脱离别人而单独完成一项工作。佛教创始人释迦牟尼曾问他的弟子："一滴水怎样才能不干涸？"他的弟子们面面相觑，无法回答。释迦牟尼说："把他放到大海里。"一滴水如果不放到大海里，始终都会干涸，那么一个人又怎样呢？一个人就好像存在于社会中的一滴水，如果不懂得寻找一片大海，那他就像一滴水一样，迟早也会"干涸"。

同样的道理，对于我们教师，要想教出好成绩，成为一名不会"干涸"的教师，就得借助团队的力量。

教师之间需要交流与合作，因为我们每个人都有各自不同的思维假定和观念，通过交流与合作，我们可以以开放的心态参与其中来分享教育的心得，萌生新的理解和共识。具体来说，交流与合作可以成为教师个体、群体教育思想呈现的平台，教师可以融入其中充分发表自己的观点；也可以成为教师个体、群体思想互动的平台，在相互沟通、学习的过程中，进行思想的交融与创新；还可以成为教师群体之间共同实践、共同成长的平台，让教师教出好学生的同时，自己也不断成长、成熟与进步。

重庆市大渡口区育才小学语文中段教研组在一次集体备课中，对一位教师的教学设计进行分析、探讨，大家根据自己的理念和对课标、教材的解读提出了自己的观点和看法。

在思维的碰撞中，发现了本年段教学该怎样重视并加以读写训练这个教学问题。学校陈宏副校长马上意识到应该抓住这个机遇，让老师们尝试着去研究，并搭建一个舞台让敢于尝试的教师来展示。想想以往总是一位教师在多个班试讲，这样做，只是让一位教师在当主角而磨炼，如何让敢于尝试的教师都成为"主角"？在大家的建议下，确定了以《给予树》为课例，结合《以读促写，读写结合》的小课题研究，由教研组内几位教师先后执行这个教学内容，合作进行研究。当第一位教师按照集体讨论的方案试教后，除执教者的反思外，大家不断回放录制下来的课堂教学，对设计的细节、教学环节做进一步的完善。接着，再由另一位教师实践改进的教学设计，再反思。在研究过程中，还请来教研员、名师等实施专家引领，并在专家指导下进一步改进教学设计。

通过集体讨论以及个人的不断反思。成功地改进了教学设计。一次次实践改进的教学设计，初步形成了"反思——行为跟进"的教研模式。"反思——行为跟进"的教研过程让同年级的教师在同一课的教学中合作磨炼，写出的教学反思具有一定的深度，不论是上课还是写作，都感觉是一次质的飞跃！老师各自看到自己的成长，也都有了进取的动力。大家都感慨万千，觉得这样的合作非常有效，它不仅能促使教师专业化成长，还有助于教师其他能力的挖掘、提高。

案例中的校长给教师创造了一个合作学习的机会，教师在合作交流中，取人之长，补己之短，互相学习，共同取得了进步。

如今的社会分工越来越细，因此，无论你从事什么工作，处于什么环境，都无法脱离其他人对你的支持而独自一个人完成所有的事情，这就需要与别人的合作。如今是崇尚个性的时代，同时也是合作必不可少的时代。特别是教育，教育是一门有过失的艺术，又是一门追求完美的艺术，它需要教师在合作中不断弥补自身的缺点和不足，努力达到教育的完美境界。

教师之间的合作，在形式上有如下几方面：

1. 集体备课

集体备课是中小学教师合作的最基本的、最广泛的形式。在集体备课中，教师全员参与，相互借鉴，相互启发，集各家之长，避自己所短。这样，教师可以互利互惠，相得益彰，从而使得教学过程真正达到最优化，既成长了教师，也发展了学生。

2. 新老教师结对子

新老教师结对子是教师合作的重要形式，是促进新教师尽快成长的有效途径。老教师的理论水平很高，教学经验丰富，教学方法多种多样，他们有着无私奉献、任劳任怨的高尚精神，他们是学校的教学骨干和宝贵财富。而新教师的专业基础扎实，现代技术比较高，观念新，他们是学校发展的后备力量，是学校的希望。新教师和老教师各有所长，各有所短。因此，新老教师结成对子是十分必要的，两者共同发展，共同进步。

3. 教师间互相听课、评课

教师间互相听课、评课是教师合作最有效的形式，是教师提高业务水平的有效途径。听课、评课是一种有效地研究课堂教学的重要方法和手段，也是教学、教研合作过程中一项非常有意义的活动，通过听课、评课，同事之间可以相互学习，相互促进。

老师的教学理念在听评中升华，教研能力在听评中加强，技能技巧在听评中产生，业务水平在听评中不知不觉中提高。在走进课堂听课之前，听课者应该事先问问授课者要上什么内容，把课本找来预习一下，有哪些重点、难点、考点；同时自己设想一下，假如让我教这样的课，准备怎样教，以便听课时有个对比。听完课之后，听课教师要与授课教师进行切磋。

4. 教师之间经验交流

教师之间经验交流是中学教师合作必不可少的形式。每位教师的成长环境、教学经历、社会阅历等因素是不尽相同的，每位教师都有自己的教学经验，其中有共性的，也有不同的。只要每位教师都毫不保留地把自己的经验跟其他教师进行交流，大家都能从中获益，从而提高自己的业务水平。

除了以上提的几种合作形式外，中学教师还可以通过其他形式进行合作，如集中学习专业理论知识、集中辅导尖子生和学困生、分享各自的教学教育科学研究成果以及共同承担校、县、市、省乃至国家级的教学教育科学研究课题等等形式。

在合作中要注意细节的安排和形成一定规则，从多重视角来看，任何真正的合作都必须具备四个核心要素：有主体的意愿、可分解的任务、有共享的规则、有互惠的效益。

从这样一个框架看教师的合作：第一，参与合作应出于教师的自觉自愿，任何强制性的或所谓的"人为合作"都不可能使教师真正投入合作行动。第二，合作关系可以是一种情感关系，但合作行动必然是任务导向的。合作的任务应当是能有多人承担的任务，参与合作行动的教师必须保证完成基于分工的任务，同时能自觉地配合、支持其他参与者的行动。这两方面的工作也就是合作参与者的核心职责。第三，参与者应放弃合作体以外的身份、角色，通过协商、探究，寻找能保证达成最大合作效果的规则和程序。这种建立在共识基础上的"游戏规则"应当被看做合作的法典。第四，合作关系建立在共同利益或互惠利益基础上，合作体应当成为每位参与者的利益共同体。每位参与者为了实现共同的目标，享用合作体内的不同资源，在完成任务的过程中获得理智的启迪或情感的愉悦。

先生之风
山高水长

和领导沟通，协力让学校更优秀

教师感悟

校长并不是教师所想象的那样清闲，一个爱岗敬业的校长往往是很辛苦的。作为一个学校的领导，既要为教学质量绞尽脑汁，还要为学生的发展、教师们的利益绞尽脑汁，同时还要应付各种名副其实的检查，等等。他们往往最希望得到的是教师的信任和理解。作为教师应该理解和支持校长所做的工作。在与校长发生不愉快或者对校长的某些教学措施有意见时，要学会站在对方的角度去考虑问题。你对校长的理解往往也会换来校长对你自身工作的理解。

——韩伟 载《人民教育》

尊敬的老师：

您好！

首先，请接受我对您的辛勤工作和创造性劳动的崇高的敬意和亲切的问候！我们坚信：对于学校的领导，首先是教育思想的领导，其次才是行政领导；在学校里，正确的领导就是要着重建立团队意识，使大家同心同德，一起努力为孩子们创造一个能够带给他们深层次的学习体验的情境和氛围。在学校的管理中，如果管理者把自己看做老板，别人是雇员，那么他就会从教师和学生队伍中分离出去。其实领导者的作用是要在学生和教师之中培养领袖，这些领袖应该力求建立一个团结的、富有感召力的集体。领导者必须激发教职员工的热情，使大家达成共识。

我们也坚信，当教师们把自己看做是对整个管理体系都至关重要的领导者时，他们会发挥自己的潜能，用自己的言行去影响孩子们的学习。他们将发现"教育就是服务"的真正含义。没有一个人的智慧能超越集体。如果我们想全面发挥一位老师在学校日常生活中解决问题和作出决策时所具有的才能，那么，我们这些处于领导层的人就需要培养和鼓励教师们参与到我们的管理中来。一个学校及其领导机构是否健康的标志就是能否促进彼此领导潜力的发挥。

我们相信学校中的人际关系比其他因素更有影响力。纯洁、光明、温暖、充满公平与正义的人际关系不但可以改变学校生活的质量，而且还能影响学生的成绩。学校里的人不单单要作为教职员工或是学生，他们还是一家人，他们需要心心相系，共同建立良好的人际关系。如果老师付出自己的爱心，给予学生无微不至的照顾，那么学生会有无比的安全感。而且，教师对于学生，只有用一种平等的、不夹杂优越感和施舍意味的爱，才会被他们真正接受。

教育远远不只是让学生掌握书本知识，她还在于灵魂的感召，在于唤醒、鼓舞每一个学生所具有的丰富潜能。"一分耕耘，一分收获"这一自然法则，在教师的工作中最能得到充分的体现。生活向我们揭示了这样一个真理：我们唯有在全心关注他人或投身于超越自我的事业时，才能成全最为完整的自我。一个探索知识并力求正确运用知识的人会变得真正的富有。

依靠教师，尊重教师的创造性劳动，将教师吸引到学校的管理中来，是学校取得成功的不二法门。我愿意和您一道将学校建设成为孩子们成长的乐园，相信我们的合作将会是十分愉快和成功的！

祝您工作愉快，拥有一颗永远年轻的心！

　　谨致

　　最美好的祝愿！

肖川

　　这是肖川教授在他的文章《假如我能做一个校长》中以校长的口吻给广大教师写得一封信。在这封信中，表达出了这样一种观点：学校是大家的，不是校长或者某一个人的。教师是为自己工作，为学生负责，不是为了某一个人。校长与教师在大的目标方向上是一致的，所以，教师要与校长和谐相处，积极沟通，在思想和行动上追求趋同，劲儿往一处使，同心协力做好教学工作。

1. 与领导沟通的原则

　　与上级沟通交往，我们首先要了解几个原则，就是说教师应该以怎样的态度去面对领导。这个问题是必须要考虑的。因为我们在一所学校任教，我们要进步，就免不了要和上级领导打交道；有了领导的帮助和配合，必然会给我们的工作带来很大的便利。

　　（1）尊重而不崇拜

　　领导之所以成为领导，必然有我们所不具备的德行。而且，尊重本身就是建立融洽的人际关系的前提和条件，能更有效地增强双方情感。

　　一般来说，下级容易做到尊重自己的上级，但是需要注意的是，人无完人，领导也有某些工作能力不如自己的时候。你会瞧不起、蔑视领导吗？作为被领导者还会一如既往地报以尊重的态度吗？如果真有此行为，这不仅有损于领导者的威信，伤害与领导的关系，而且对全局工作不利。如果部门领导明显不称职，作为下级可以按照组织原则，通过正常渠道，向更上一级组织提出意见，但在部门领导未离开现岗位之前，仍然应该维护他的威信，尊重他的人格，支持他的工作。这才是教师应持的正确态度，是觉悟高的表现。

对领导应当尊重，但绝不应该崇拜。崇拜是不科学的、愚昧落后的意识。领导干部和领袖人物都是人，尽管他们相对地说有较高的才能和胆略，但不是"完人"，缺点和错误在所难免。搞崇拜必然要美化领导、文过饰非，崇拜能滋生庸俗的人际关系。

对上级的尊重和搞个人崇拜在本质上是不同的，但从尊重转向崇拜却比较容易。区别就在于个人的动机，在于是否坚持原则，在于能否把握尊重的分寸。

（2）服从而不盲从

被领导者要服从领导者，没有服从就没有领导。没有服从就形不成统一的意志和力量，任何事业都难成就。在学校里，作为一个集体，下级与上级的根本利益完全一致。上下级关系中的服从虽有强制性，但没有统治和压迫的性质。这种服从的强制性完全是共同服务于教育事业需要的，是为了学生健康成长、教师专业成长的需要。因此，作为教师，服从学校领导不是奴性的表现，而是对教育事业高度负责的理性行为。

我们讲服从，其大前提就是确认领导的指示、决定符合整体教学体制的根本利益。这就要求我们在坚持服从原则时，注意把服从领导同服从教师职业道德统一起来。当发现领导的指示、决定与教育路线方针政策有矛盾时，要及时向领导反映，并坚决按照正确的教育方针路线来安排自己的工作，做到服从但绝不盲从。这不仅需要智慧、才能，而且更需要勇气和胆识。

（3）直言不妄言

教师应善于用直言、真言以至诤言来增进同学校领导之间的了解，融洽彼此之间的感情。

对领导进言时要讲真话，不唯唯诺诺、吞吞吐吐，更不能花言巧语。教师向领导反映情况时，要一是一，二是二，不夸大缩小，不掺沙注水，不只报喜不报忧。在面对领导的错误时也要开诚布公地指出，不能碍于面子而采取"老好人"的态度。

（4）尽责不卸责

搞好教学工作，力争显著的成绩，这是全体师生共同的愿望。作为教师，总是希望自己能够出色地完成领导布置的各项教学任务，但很多时候，在现实中总是出现这样或那样的偏差，导致我们并不能完美地完成。在承担责任时，坦诚接受失败是一种勇敢的品德，积极吸取教训更是一种美德。这样一来，领导不但不会责备于你，还会被你的勇气所折服。

2. 处理与领导关系的方法

教师在与领导的关系中，既要坚持原则，又要讲究方法艺术，把原则性与灵活性紧密而巧妙地结合起来，才能更好地开展工作。

（1）要了解、熟悉领导

首先应了解领导的工作方式与处事方法等。只有这样，才可能在处理与领导关系中恰到好处地扬长避短，以至于更好地开展工作。同时，在与领导沟通时，也可以比较准确地提供给领导所需要的情况、资料，大大地提高工作效率，避免反映情况抓不住要领或产生过大的"认识误差"与"行为误差"。

例如，有的领导直率爽快，工作作风雷厉风行；有的领导严谨细致，工作作风踏实求真；有的喜看书面报告，有的喜欢听口头汇报等。教师对此要做到心中有数，这样就可以针对部门领导的特点，尊重其工作习惯，以求得最好的工作效应。如果不了解领导意图，只管按照自己的主观愿望去做工作，就很难做到心领神会、默契配合，有时甚至会出现"帮倒忙"的现象。这样就会影响相互之间的融洽相处，也无助于做好工作。

（2）要尽可能地使领导了解你

应该运用有效的方式方法，使领导了解你的工作的重要性和可行性，理解你的意图，这是使领导"愿意"帮助你的重要心理基础。常用的方法有4种：

反复强调法。这种方法可以加深学校领导对你多提出建议的印象，对你工作的了解更上一层次，由一开始的不知到最后的"知之甚深"，从而采取支持下属的明确态度。

侧面疏通法。这种方法通常是教师在向学校领导"正面请示"无效的情况下，采取的一种辅助方法和补救办法。不同的人对同一问题的观点总有不同。为了不使事情弄僵，就不应该一味地"正面强攻"，而应该改用"侧面疏通"法，巧妙地使领导在"不失体面"的情况下，转而采纳你的意见，支持你的工作。

实绩启迪法。学校领导对一个建议的认识，总是要经历一个逐步深化的过程。有时候，当某一项工作尚未运行起来时，领导对其重要性和可行性的理解可能会不够；任你磨破嘴皮，说干嗓子，他获取的仍然是一些模糊抽象的概念。这时候不应该再做无效的说服，而应该及时采用"实绩启迪法"，使领导在实绩面前受到启示，从而转变态度。

（3）在领导面前规矩而不拘谨

在领导面前，举止言谈应庄重文雅，不能过于随便或太轻浮。但是，过分拘谨，说话办事缺乏个性，处处谨小慎微也不可取。要想与领导建立良好的关系，应依靠自己的努力，积极地创造性地开展工作，不能错误地以为只有唯唯诺诺、掩饰个性才是良策。须知，绝大多数领导是喜欢人才而不喜欢"奴才"的。尤其是在今天，教学工作面临着许多新情况和新问题，需要我们教师大胆探索和实践，太过拘谨会给人留下没有主意、胆小怕事的印象。

（4）保持"中立"，避免交往过密或亲疏不一

领导之间也会发生矛盾，甚至会闹摩擦。教师遇到这种情况要格外谨慎。要在感情和态度上保持"中立"，因为教师对领导之间的许多情况不可能了解得很清楚，或者根本不知道问题的实质所在。轻易介入，无助于矛盾的解决。

不可感情用事，添枝加叶，使问题复杂化。教师应该从教学工作中出发，对领导成员一视同仁、亲疏有度，建立和发展正常的关系，实行"等距离外交"，而不应从个人目的和私利出发，戴"有色眼镜"看待领导们，攀一方踩一方。这样做，无论是对工作、对上级和对上下级关系，都有害无益。

应该指出，与领导建立良好的沟通关系不是一朝一夕的事，它需要教师在及时解决矛盾、消除障碍中，不断发展上下级之间的良好关系。需要强调的是，和衷共济，不断开创教学工作的新局面，是保持良好的上下级关系的落脚点。如果单纯注重关系，必然陷入误区，这也是处理与领导关系的大忌。

先生之风

山高水长

理想的学校

一

理想的学校是什么样？

16世纪西班牙一位教育家说，理想的学校"是品学兼优的人们的一个学社和协调的组织，他们集合起来，对所有为了学问到那去的人给予同样的祝福"。

这说法似是，又非。

孔子和苏格拉底办的学校大概有点像：夫子坐而论道，弟子虚心向学。孔子和子路、颜回，苏格拉底和柏拉图，名师高徒，一同沐浴在知识的光辉下，春风化雨，其乐融融。

"得天下英才而教之"，诚然为人生一大乐趣，不过这种乐趣，是建立在对更多的普通孩子排斥的基础上的。

二

长期担任清华大学校长的梅贻琦先生有一句名言："大学者，非谓有大楼之谓也，有大师之谓也。"此语极有见地，惜乎现在大楼多了，大师少了。

何谓大师？

闻一多讲《楚辞》，每当华灯初上，必微醺而入，高吟："士无事，痛饮酒，热读《离骚》，方可为真名士！"接着，边朗诵，边讲解，击节悲歌，热泪纵横。其时正值日寇入侵，大好河山哀鸿遍野。闻先生的长歌孤愤，带给学生的，岂止限于"学问"二字！

昆明国立西南联合大学旧址保留着一间铁皮为顶、有窗无玻璃的平房，这种低矮颓败的平房就是当年西南联大的教室。林徽因说，当初建这些房子时，甚至"最后不得不为争取每一块木板、每一块砖，乃至每根钉子而奋斗"。今天的人们似乎很难理解，从这些不能遮蔽风雨的平房中，怎么会走出那么多卓有建树的英才？答案只有一个，因为这里荟萃着像陈寅恪、朱自清、冯友兰、闻一多、钱钟书、梁思成、王竹溪、钱伟长、周培源这样的一大批学术大师。

三

黑柳彻子是日本著名的电视主持人，小时候，却因为上课总是不能安静下来而被学校退学。后来，她被送到一所特殊的学校，正是这所学校，成为她迈向成功之路的起点。

学校的名字起得很有意思，叫"巴士学园"，因为学校的教室就是六辆废旧的电车。学校里面有很多奇怪的规矩，比如：每天都可以选择自己喜欢坐的位子；上课可以从自己最喜欢的课程开始；上学要求穿最不好的衣服，这样就可以自由自在地在铁丝网上爬来爬去了。不安分的豆豆（彻子的昵称）一下子就喜欢上了这所学校，甚至连做梦都想着去上学。当然，在这里，变化最大的是她对学习的态度。因为学习完全成为一种乐趣。

附录·理想的学校

黑柳彻子后来将她在这所学校里的经历写成一本书，书名就叫《窗口边的豆豆》。读过这本书的人，大都会爱不释手。

什么叫"有教无类"？什么叫"创造适合孩子的教育"？发生在巴士学园中的故事是很好的例证。

1921年，英国教育家尼尔在英格兰萨福克郡创办的萨默希尔学校与巴士学园有惊人的相似之处，尼尔称这种具有自由观念的学校为世界上最快乐的学校，因为这里没有学生逃学，甚至没有学生想家。

尼尔认为，一所使活跃的儿童坐在课桌边学习几乎全部无用的功课的学校是一所坏学校。

但是，家长们却没有信心接受这种随心所欲的学校，他们称它是"疯人院"。

四

随一个教育考察团到一所学校参观，校方安排的一项内容是观看学生广播操。据介绍，这所学校的广播操很有水平，这天，电视台的记者也要来拍摄。那一天，正好赶上入冬以来的第一场寒流，学校不知从哪找来很多棉大衣，好心地请"各位领导"披上观看，但被大家谢绝了。广播操开始后，令我们深感诧异和不安的是，两个在前台领操的小女孩，竟然只穿着短袖运动衫，在凛冽的寒风中一丝不苟地做着每一个规范的动作。随着一阵阵寒风袭来，大家的注意力全都集中在这两个女孩身上。后来，大家实在不忍再看下去了，没等广播操做完，就纷纷离开了。

这所学校建得非常漂亮，据说，单是体育场馆，就耗资数千万元。高大的教学主楼前，醒目地写着一行大字——"一切为了学生"。真是这样，怎么就没有想到：在这样寒冷的天气中，是不应该再安排广播操的。

罗素说，我们应该把学生看做目的而不是看做手段。

但是，当一所学校过于追求功利的时候，学生往往就成了手段。

五

有人群的地方就会存在差异，学校也是一样。不同的家庭背景，不同的文化基础，不同的个性特征……这些都足以使学校教育呈现出无限丰富的多样性。一个教师能够尽可能使自己的教学设计趋向于完善，但是，他却永远无法想象出，在新的一天中，他的学生会出现哪些新的问题、新的困惑。

差异能够导致歧视，歧视又引发出对立。教师和学生因为彼此不能适应而相互抵触、厌倦的情形每一天都发生在校园生活中。从这个意义上说，一所成功的学校，就是能够成功化解、消除这种对立情绪的地方。原辅仁大学校长陈垣先生说过，老师站在讲台上，和学生"脸是对立的，但感情不能对立"，他还说："不好的学生，包括淘气或成绩不好的，都要尽力找他们一小点好处，加以夸奖。"

一小点好处——哪个孩子身上没有呢？在美国，曾经有一个被老师们公认为品学兼差的黑人孩子举着一个橘子说："这个橘子像我，因为它的外皮坚硬，我就是外边硬，当你向里看这个橘子时，它又好又甜，我也是里边又好又甜。"

这个孩子或许是天才，但他缺少的是被发现。

207

上帝眼中的老师

这已经是上帝加班加点创造老师的第六天。上帝知道这是一项极其艰巨的任务，因为老师将与许多孩子的生活和命运联系在一起。这时，一个天使在他身边说："你已经花了很长时间来创造这个人物。"

"是的，"上帝说，"但你看了这份人物设计书吗？"

教师：

必须让所有的学生敬重，也能做学生的朋友。

必须能做 180 件与所教学科无关的事情。

必须能吃苦耐劳。

必须保障每天给学生传授知识的时间充足。

给别人的时间必须多于给自己。

必须微笑着面对减薪、问题孩子、忧心的家长。

当家长质疑教导孩子的措施。其他人也不支持时，必须还能全身心投入教学。

必须有六双手。

"六双手？"天使说道，"这是不可能的。"

"嗯，"上帝说，"不是手的问题。现在最困难的是三双眼睛。"

天使难以置信："三双眼睛？在一个标准的模型上？"

上帝点头道："一双眼睛可以看到一个学生其他人看不到的优点，一双眼睛在头的后面看不应该看到，但必须知道的。前面的眼睛只是观察学生正常的日常行为。"

天使说："这是一项巨大的工程，我认为你应该明天再继续做。"

"我不能停下，"上帝说，"因为我的创造已经非常接近于一些很像我自己的东西。当他生病了，还会继续工作吗？任教班级的学生不想学习怎么办？学生不是自己的孩子，在他的心里有这些孩子的特殊位置吗？理解那些正在困难中挣扎的学生吗？从不对学生放任自流吗？这些都是我现在必须解决的问题。"

天使更近地审视上帝正在创造的模型。"心肠太软了。"天使说。

"是的，"上帝说，"但它也很坚强。如果必要，你无法想象这位老师能忍受多大的考验或者完成多艰巨的任务。"

"这个老师会思考吗？"天使问。

"不仅会思考，"上帝答道，"还会推理和妥善处理问题。"

天使指着老师的脸颊说："上帝，你的工作有一个缺陷。"

上帝靠近模型，发现老师的脸颊上有一滴水珠。水珠在阳光的照耀下闪烁、发光。"这不是缺陷，"他说，"这是一滴泪水。"

209

附录·上帝眼中的老师

"一滴泪水？什么意思？"天使问道，"他为何流下这滴泪水？"

上帝想了很久，回答道："这是老师为一个孩子完成即使是最小的任务也感到开心和骄傲，为那些单亲的孩子的孤独而感到难过。这滴泪水还包含着不能打开一些孩子的心扉的痛苦和对那些孩子自我封闭的失望。与一个班级相处了一段时间之后，必须跟那些孩子说再见的眷恋，以及迎接一个新班级的喜悦。"

"上帝．"天使说，"这滴泪水是一个伟大的构想。你真是个天才。"

上帝忧郁地看着模型，说："我并没有创造这滴泪水。"

教师的箴言

箴言一：教育即生长，生长就是目的，在生长之外别无目的

这个论点由卢梭提出，而后杜威作了进一步阐发。"教育即生长"言简意赅地道出了教育的本义，就是要使每个人的天性和与生俱来的能力得到健康生长，而不是把外面的东西如知识灌输进一个容器。懂得了"教育即生长"的道理，我们也就清楚了教育应该做什么事。比如说，智育是要发展好奇心和理性思考的能力，而不是灌输知识；德育是要鼓励崇高的精神追求，而不是灌输规范；美育是要培育丰富的灵魂，而不是灌输技艺。

"生长就是目的，在生长之外别无目的"，这是特别反对用狭隘的功利尺度衡量教育的。用功利目标规范生长，结果必然是压制生长，实际上仍是否定了"教育即生长"。生长本身没有价值吗？一个天性得到健康发展的人难道不是既优秀又幸福的吗？就算用功利尺度——广阔的而非狭隘的——衡量，这样的人在社会上不是更有希望获得真正意义的成功吗？

箴言二：儿童不是尚未长成的大人，儿童期有其自身的内在价值

用外部功利目的规范教育，无视生长本身的价值，一个最直接、最有害的结果就是否定儿童期的内在价值。把儿童看作"一个未来的存在"，一个尚未长成的大人，在"长大成人"之前似乎无甚价值，而教育的唯一目标是使儿

211

童为未来的成人生活做好准备，这种错误观念由来已久，流传极广。"长大成人"的提法本身就荒唐透顶，仿佛在长大之前儿童不是人似的！

人生的各个阶段皆有其自身不可取代的价值，没有一个阶段仅仅是另一个阶段的准备。尤其儿童期，原是身心生长最重要的阶段，也应是人生中最幸福的时光，教育所能成就的最大功德是给孩子一个幸福而又有意义的童年，以此为他们幸福而有意义的一生创造良好的基础。然而，今天的普遍情形是，整个成人世界纷纷把自己渺小的功利目标强加给孩子，驱赶他们到功利战场上拼搏。我担心，在他们未来的人生中，在若干年后的社会上，童年价值被野蛮剥夺的恶果不知会以怎样可怕的方式显现出来。

箴言三：教育的目的是让学生摆脱现实的奴役，而非适应现实

这是西塞罗的名言。今天的情形恰好相反，教育正在全力做一件事，就是以适应现实为目标塑造学生。人在社会上生活，当然有适应现实的必要，但这不该是教育的主要目的。蒙田说："学习不是为了适应外界，而是为了丰富自己。"孔子也主张，学习是"为己"而非"为人"的事情。古往今来的哲人都强调，学习是为了发展个人内在的精神能力，从而在外部现实面前获得自由。当然，这只是一种内在自由，但是，正是凭借这种内在自由，这种独立人格和独立思考的能力，那些优秀的灵魂和头脑对于改变人类社会的现实发生了伟大的作用。教育就应该为促进内在自由、产生优秀的灵魂和头脑创造条件。如果只是适应现实，要教育做什么！

箴言四：最重要的教育原则是不要爱惜时间，要浪费时间

这句话出自卢梭之口，由我们今天的许多耳朵听来，简直是谬论。然而，卢梭自有他的道理。如果说教育即生长，那么，教育的使命就应该是为生长提供最好的环境。什么是最好的环境？第一是自由的时间，第二是好的老师。卢梭为其惊世骇俗之论辩护说："误用光阴比虚掷光阴损失更大，教育错了的儿童比未受教育的儿童离智慧更远。"今天许多家长和老师唯恐孩子虚度光阴，驱迫着他们做无穷的功课，不给他们留出一点儿玩耍的时间，自以为这就是尽了做家长和老师的责任。卢梭却问你：什么叫虚度？快乐不算什么吗？整日跳跑不算什么吗？如果满足天性的要求就算虚度，那就让他们虚度好了。

箴言五：忘记了课堂上所学的一切，剩下的才是教育

我最早在爱因斯坦的文章中看到这句话，是他未指名引用的一句俏皮话。随后我发现，它很可能脱胎于怀特海的一段论述，大意是：抛开了教科书和听课笔记，忘记了为考试背的细节，剩下的东西才有价值。

知识的细节是很容易忘记的，一旦需要它们，又是很容易在书中查到的。所以，把精力放在记住知识的细节，既吃力又无价值。那个应该剩下的配称为教育的东西，用怀特海的话说，就是完全渗透入你的身心的原理，一种智力活动的习惯，一种充满学问和想象力的生活方式，用爱因斯坦的话说，就是独立思考和判断的总体能力。按照我的理解，通俗地说，一个人从此成了不可救药的思想者、学者，不管今后从事什么职业，始终保持学习、思考、研究的习惯和爱好，方可承认他是受过了大学教育。

箴言六：大学应是大师云集之地，让青年在大师的熏陶下生长

教育的真谛不是传授知识，而是培育智力活动的习惯、独立思考的能力等，这些智力上的素质显然是不可像知识那样传授的，培育的唯一途径是受具有这样素质的人——不妨笼统地称之为大师——的熏陶。大师在两个地方：一是在图书馆的书架上，另一便是在大学里，大学应该是活着的大师云集的地方。正如怀特海所说："大学存在的理由是，拥有一批充满想象力的探索知识的学者，使学生在智力发展上受其影响，在成熟的智慧和追求生命的热情之间架起桥梁，否则大学就不必存在。"

林语堂有一个更形象的说法：理想的大学应是一班不凡人格的吃饭所，这里碰见一位牛顿，那里碰见一位佛罗特，东屋住了一位罗素，西屋住了一位拉斯基，前院是惠定宇的书房，后院是戴东原的住房。他强调："吃饭所"不是比方，这些大师除吃饭外，对学校绝无义务，学校送薪俸请他们住在校园里，使学生得以与其交流接触，受其熏陶。比如牛津、剑桥的大教授，抽着烟斗闲谈人生和学问，学生的素质就这样被"烟熏"了出来。

箴言七：教师应该把学生看作目的而不是手段

这是罗素为正确的师生关系规定的原则。他指出，一个理想教师的必备品质是爱他的学生，而爱的可靠征兆就是具有博大的父母本能，如同父母感觉到自己的孩子是目的一样，感觉到学生是目的。他强调：教师爱学生应该胜于爱国家和教会。针对今日的情况，我要补充一句：更应该胜于爱金钱和名利。

教师个人是否爱学生，取决于这个教师的品德。所以，我赞同爱因斯坦的建议：给教师使用强制措施的权力应该尽可能少，使学生对其尊敬的唯一来源是他的人性和理智品质。

214